Angelika Walser
In deiner Nähe geht es mir gut

Angelika Walser

IN DEINER NÄHE GEHT ES MIR GUT

Warum **Freundschaften** lebensnotwendig sind

Tyrolia-Verlag · Innsbruck-Wien

Wir danken für die freundliche Abdruckgenehmigung von:
Rose Ausländer, Gemeinsam I. Aus: dies., Gedichte. © S. Fischer
Verlag GmbH, Frankfurt am Main 2001

Mitglied der Verlagsgruppe „engagement"

2017
© Verlagsanstalt Tyrolia, Innsbruck
Umschlaggestaltung, Layout und
digitale Gestaltung: Tyrolia-Verlag
Druck und Bindung: FINIDR, Tschechien
ISBN 978-3-7022-3585-7 *(gedrucktes Buch)*
ISBN 978-3-7022-3609-9 *(E-Book)*
E-Mail: buchverlag@tyrolia.at
Internet: www.tyrolia-verlag.at

Gemeinsam

Vergesset nicht
Freunde
wir reisen gemeinsam

besteigen Berge
pflücken Himbeeren
lassen uns tragen
von den vier Winden

Vergesset nicht
es ist unsre
gemeinsame Welt
die ungeteilte
ach die geteilte

die uns aufblühen lässt
die uns vernichtet
diese zerrissene
ungeteilte Erde
auf der wir
gemeinsam reisen

ROSE AUSLÄNDER

Inhaltsverzeichnis

Vorwort

Vor einiger Zeit wartete ich in Wien auf die U-Bahn und las auf einem der angebrachten Bildschirme von der ältesten Wienerin, die ihren 106. Geburtstag feierte. Schön war sie, zurechtgemacht für den Wiener Bürgermeister, der ihr Blumen überreichte und zum Geburtstag gratulierte. Auch geistig war sie laut der U-Bahn-Meldung noch überaus fit. Jedoch auf die Frage, was sie mit ihren 106 Jahren am meisten vermisste, war ihre Antwort: „Ich vermisse so sehr meine Freundinnen. Sie sind alle längst tot!"

Angesichts dieser Worte fiel mir Frau B. ein: Frau B. war über 80 Jahre alt und eifrige Hörerin der Theologischen Kurse, einer bekannten Erwachsenenbildungseinrichtung der Erzdiözese Wien, bei der ich seit vielen Jahren als Referentin tätig bin. Sie fiel mir auf, weil sie praktisch zu jedem meiner Vorträge erschien und immer die Frage stellte, von der ich daheim bei der Vorbereitung immer gehofft hatte, dass sie mir niemand stellen würde. Es waren Fragen, auf die es eigentlich keine Antwort geben konnte, weil sie so schwierig waren: Fragen nach dem Sinn des Lebens, Fragen nach dem Woher, Wohin und Wozu unserer Existenz. Irgendwann nach einem Vortrag kamen wir ins Gespräch. Ich erfuhr, dass sie Jus studiert und dass ihr verstorbener Mann dem ungarischen Hochadel angehört hatte. Dass ihre Familie keinerlei Interesse für ihre Fragen aufbrachte, weil sie – wie sie missbilligend mit einer wegwerfenden Bewegung ihrer zarten alten Damenhände ausdrückte – „allein mit Geldverdienen beschäftigt war".

Wir wurden Freundinnen. Sie schüttelte den Kopf, wenn ich meine Ideen allzu enthusiastisch vortrug, und warf mir regelmäßig „abgehobene Realitätsverweigerung" vor. Gleichzeitig wartete sie sehnsüchtig auf meine Besuche, weil ich – wie sie sagte – der einzige Mensch in ihrem Leben sei, mit dem sie noch ernsthaft ein gutes Gespräch führen konnte. „Alle meine Freundinnen sind krank oder dement oder liegen auf dem Friedhof. Frau Doktor, Sie sind die Einzige, mit der ich mich ganz normal unterhalten kann. Kommen's doch einmal wieder vorbei!" Wenn ich dann vorbeikam, warteten dicke Torten und Sekt auf mich. Sie selbst aß und trank kaum mehr etwas – „wegen der schlanken Linie", wie sie sagte. Tatsächlich hatte sie sich gut gehalten und legte auch noch mit knapp 90 Jahren stets höchsten Wert auf ein gepflegtes Äußeres. Perfekt frisiert, aufrecht und immer Haltung wahrend, entsprach sie meinen zugegebenermaßen klischeehaften Vorstellungen einer Deutschen über die Wiener Dame der bürgerlichen Gesellschaft des 19. Jahrhunderts. In meiner Phantasie hätte sie dort vermutlich jederzeit Gastgeberin in einem gepflegten Salon sein können.

Als ich ihr von den Adoptionsplänen erzählte, die mein Mann und ich angesichts unserer kinderlosen Ehe hegten, war sie wahrhaft schockiert: „Frau Doktor, Sie werden doch nicht so ein Bankert von irgendwo aufnehmen, um Himmels willen!" Was sie nicht daran hinderte, entzückt in den Kinderwagen zu schauen, als wir ein kleines Mädchen adoptiert hatten. Ich besuchte sie und erlebte die Zärtlichkeit und das Wohlwollen einer alten Dame, die – bezaubert von meinem Mädchen – auf allen vieren mit der Kleinen durch die Wohnung robbte und sich gleichzeitig mit mir über die theologischen Neuerscheinungen des vergangenen Monats austauschte.

Eines Tages rief ich sie vergeblich an. Und dann immer wieder. Viele Wochen lang. Bis eines Tages eine fremde Frau am Apparat war und mir barsch mitteilte, dass Frau B. schon längst verstorben sei. Sie habe dringend auf meinen Besuch im Spital gewartet, aber ich hätte mich ja nie gemeldet. Ich war traurig und aufgebracht, verwies auf meine absolute Ahnungslosigkeit und darauf, dass ich unzählige Male vergeblich angerufen hätte. Wieso hatte man mich nicht informiert? Natürlich wäre ich ins Spital gekommen und hätte Frau B. noch einmal besucht. Mit der Zeit kam doch ein halbwegs vernünftiges Gespräch zustande und die Frauenstimme am anderen Ende der Leitung entpuppte sich als die Stimme ihrer Tochter. „Wissen Sie, meine Mutter hat sehr oft von Ihnen gesprochen. Sie war ja im Umgang nicht ganz einfach!" Als ich ihr von unseren Torten-Sekt-Orgien erzählte, vom Herumtollen am Fußboden und von den vielen Stunden, die wir diskutiert hatten, konnte sie es nicht fassen. „Meine Mutter war oft depressiv, in sehr düsterer Stimmung, sehr anspruchsvoll. Die Person, von der Sie mir da erzählen, war nicht meine Mutter!", sagte sie.

Mich beschlich das seltsame Gefühl, dass Frau B.'s Familie möglicherweise nicht allzu begeistert von unserer Freundschaft gewesen wäre. Eine fast 90-jährige Dame der feinen Wiener Gesellschaft hatte mir „Zug'reisten" Einblick in ihre teilweise vergangene Welt gewährt und ich ihr im Gegenzug meine „jugendliche Frische und die Theologie", wie sie das vermutlich ausgedrückt hätte. Als ich nach einiger Zeit ihr Grab besuchte, war ich empört: Überall wucherte bereits der Efeu, das Grab war offensichtlich ungepflegt und nicht eine einzige Blume lag dort. Ich entfernte einige Ranken, stellte meinen kleinen Blumengruß ab und bin nie wieder hingegangen. Aber ich habe Frau B. nicht vergessen. Sie war eine außergewöhnliche Frau und ungewöhnliche Freundin. Sie war einer der Menschen, die mir im Laufe meines Lebens beigebracht haben, dass Freundschaft absolut überall möglich ist, ungeachtet des Altersabstands, des Geschlechts, der Schicht und der Bildung. Gegenseitiges Wohlwollen, Interesse füreinander und Neugier aufeinander kennt keinerlei Grenzen.

Frau B. war einer der vielen Menschen, die mich in meinem Leben begleitet haben oder begleiten. Sie alle haben in irgendeiner Form an diesem Buch „mitgeschrieben". Durch ihr Mitdenken, durch ihre Ideen und manchmal einfach durch ihre bloße Anwesenheit in meinem Leben. Mit ihnen teile ich die wesentlichen Erfahrungen, welche die menschliche Existenz zu bieten hat: Liebe und Leidenschaft, Geburt und Tod, Trauer und Verlust, Zusammenbruch und Neubeginn.

Nur sehr wenige Menschen, denen ich in „freundschaftlicher Beziehung" verbunden bin, sind mit mir verwandt und einer meiner engsten Freunde ist sogar mit mir verheiratet. Die meisten meiner Freundinnen und Freunde sind mir in meinem Leben einfach „begegnet", sozusagen „passiert". Einer von ihnen hat in besonderem Maße zu diesem Buch beigetragen und sollte daher namentlich auch genannt werden: Bernhard Tinkl, der mir den Anstoß für dieses kleine Buch geliefert hat und mit dem ich oft und intensiv über Freundschaft diskutiert habe bzw. immer noch diskutiere. Erwähnen möchte ich ferner meine Sekretärin Astrid Künstner sowie meine Studienassistenten/innen Lukas Zaminer, Rebecca Pillichshammer und Raimund Niklas, die unermüdlich Literatur recherchiert, kopiert und dieses Buch lektoriert haben.

Einige weitere Menschen könnte ich hier erwähnen, mit denen ich seit vielen Jahren eng verbunden bin und deren Türen mir immer offen gestanden sind. Ich kann sie namentlich nicht alle aufzählen und ich möchte niemanden weglassen, denn sie alle waren und sind wichtig. In gewissem Sinn sind sie mein Schutz, mein Schild und mein doppelter Boden. Sie bringen mich oft zum Lachen, wenn ich traurig bin, und nehmen mich so, wie ich bin. Als religiöser Mensch und als Theologin scheue ich mich nicht zu sagen, dass für mich in all diesen Freundschaften „Power in relationship" spürbar ist. „Power in relationship" ist die berühmte Definition der feministischen Theologin Carter Heyward für Gott. Die Erfahrung einer Freundschaft ist offen für die ganz persönliche Deutung als Gotteserfahrung. Aus Freundschaften kann man Energie beziehen und Kraft, das Leben anzupacken. Zumindest für *mich* ist in Freundschaften Gott in einer ganz besonderen Weise erfahrbar. So wie Frau B. hat mir jeder und jede von meinen Freunden und Freundinnen auf seine/ihre Art und Weise beigebracht, dass Freundschaft eines der wichtigsten und größten Dinge im Leben ist. Ihnen allen sei zum Dank für ihre oft jahrzehntelange Begleitung und Geduld mit mir dieses Buch gewidmet.

Ich schreibe es nicht nur als Freundin, die ihren ganz persönlichen Freundschaften viele wichtige Erfahrungen und Einsichten verdankt und die sich deshalb auch erlaubt, die eine oder andere abstrakte Theorie mit einer Geschichte aus ihrem Leben zu verbinden. Ich schreibe es auch als Angehörige der Zunft der theologischen Ethik. Theologische Ethiker und Ethikerinnen denken darüber nach, wie gutes Leben für alle glücken kann. Freundschaft gehört unbedingt zum guten Leben und zum Glück. Sie ist in der theologischen Ethik jedoch meiner Ansicht nach zu wenig thematisiert worden. Das mag erstens daran liegen, dass Freundschaft – Gott sei Dank (!) – für viele Menschen ein so selbstverständlicher Bestandteil ihres Lebensglücks ist, dass sie gar nicht darüber nachdenken. Zweitens könnte es auch daran liegen, dass Freundschaft moralisch möglicherweise zunächst weniger anspruchsvoll erscheint als die christliche Idealvorstellung von der Agape/Caritas, der Nächstenliebe, die idealerweise bedingungslos ist und ausschließlich um des anderen willen zu erfolgen hat bzw. mit ihrem universalen Anspruch und um der Unparteilichkeit willen auch die Spitzenforderung der Feindesliebe umfasst.

Der Gedanke der Freundschaft dagegen ist viel stärker mit dem Partikularen verbunden. Befreundet ist man/frau eben *nicht* mit allen Menschen und muss es auch gar nicht sein. Freundschaft verbindet sich anders als die Agape/Caritas auch mit dem gegenseitigen Nutzen. Freunde und Freundinnen profitieren voneinander. Daher erscheint Freundschaft auf den ersten Blick als moralisch weniger anspruchsvoll. Die Abgrenzung zwischen karitativer und/oder erotischer Liebe auf der einen und Freundschaft auf der anderen Seite ist allerdings letztlich gar nicht so einfach und wird uns noch beschäftigen.

Das Dokument „Amoris Laetitia" (2016) von Papst Franziskus beispielsweise nennt Liebe in einem sehr umfassenden Sinn – auch die erotische Liebe – *und* Freundschaft in einem Atemzug als Fundament eines christlichen Eheverständnisses. Gerade Papst Franziskus hat in jüngster Zeit durch zahlreiche Äußerungen zu innerkirchlichen Neuaufbrüchen in Sachen Sexualität und Ehe beigetragen, was dazu führt, dass in der theologischen Ethik laufend Publikationen zu einer erneuerten Ehe- und Sexualmoral erscheinen. Das ist begrüßenswert und sehr wichtig. Ich glaube aber, dass es auch in der katholischen Kirche an der Zeit ist, die ständige Fixierung auf Sexualität zu überwinden. Es gibt neben der Ehe viele weitere Beziehungsformen, über die es sich nachzudenken lohnt. Die bedeutendste unter ihnen ist in meinen Augen die Freundschaft. Anders als die Ehe steht sie jedem offen und wird in irgendeiner Weise von allen gelebt. Ich möchte daher vorschlagen, die Freundschaft – *nicht* die Ehe als *die* Keimzelle einer demokratischen Gesellschaft zu betrachten. Auf Freundschaft als Grundlage wohlwollender Beziehungen zueinander können sich eine säkulare und eine religiös fundierte Ethik einigen.

Ich kann diese These auf den folgenden Seiten nur ansatzweise entfalten. Wo es dem/der Leser/in in diesem kleinen Buch an Tiefgang mangelt, sei auf einen im Sommer 2017 erscheinenden Sammelband verwiesen, der das leisten kann, was in diesem Rahmen nicht möglich ist: Gründlichkeit und wissenschaftliche Differenziertheit.

In diesem kleinen Buch möchte ich für Freundschaft als eigene und sehr wertvolle Beziehungsform werben, die es zu hegen und zu pflegen gilt. Ich glaube nämlich, dass

Freundschaft in unserer heutigen Gesellschaft durchaus gefährdet ist. In einer konsumorientierten Welt, die auf aggressiven Individualismus setzt, ist Freundschaft ein klares Gegenprogramm. Allzu oft wird sie aber in unserer profitorientierten Arbeitswelt zur „gemeinsamen Interessensverfolgung" degradiert und instrumentalisiert. Dieses Buch erhebt gegen diese Tendenz Einspruch, betont den Eigenwert von Freundschaft und wirbt bewusst für eine Kultur der Freundschaft (Frau B. hätte an dieser Stelle vermutlich spöttisch ihre Augenbrauen hochgezogen und eingewandt, dass nun wieder mein idealistisches Temperament mit mir durchgehe, und *ich* hätte gekontert, dass irgendwer auf dieser Welt noch idealistisch sein muss …)

Im Laufe meiner Recherchen zum Thema und in Auseinandersetzung mit den Gender Studies wurde mir bewusst, wie sehr mein persönliches Konzept von Freundschaft von der Tatsache geprägt ist, dass ich eine akademisch gebildete Frau der bürgerlichen Mittelschicht bin. Rein historisch gesehen hätte man mich bis vor kurzem kraft meiner Zugehörigkeit zum weiblichen Geschlecht als „nicht freundschaftsfähig" bezeichnet. Freundschaft war bis zur Epoche der Romantik (1798–1835) nämlich Männersache. Damit will ich nicht sagen, dass Frauen bis dahin niemals miteinander befreundet gewesen wären. Sie waren es im Rahmen ihres kleinen Wirkungskreises, dem häuslichen Bereich, durchaus. In den Augen der Öffentlichkeit jedoch, wo Männer miteinander politische Verantwortung für die Gesellschaft trugen, galten solche Freundschaften als unwichtig, jedenfalls wissen wir zu wenig darüber. Noch gab es keine Angela Merkel, keine Hillary Clinton und keine Theresa May. In der offiziellen Geschichtsschreibung entdeckten bürgerlich gebildete Frauen erst vor ca. 200 Jahren die Freundschaft für sich und entwickelten ganz eigene Vorstellungen davon, was es heißt, eine „Freundin" zu sein. Aufgrund dieser historischen Tatsache kann ich auch nicht darauf verzichten, an manchen Stellen zu präzisieren, ob ich jeweils *nur* Frauen und *nur* Männer oder tatsächlich *beide* Geschlechter meine. Der Lesefluss und damit die gedankliche Auseinandersetzung soll jedoch nicht gestört werden, weshalb ich hier und da den einen oder anderen kleinen Kompromiss in der Formulierung eingegangen bin. Dem klaren Anliegen der Geschlechtersensibilität tut das keinen Abbruch.

WARUM FREUNDSCHAFT WICHTIG IST
Was die Glücksforschung dazu sagt

Von allem, was die Weisheit zur Glückseligkeit
des ganzen Lebens bereithält, ist weitaus das Größte
die Erwerbung der Freundschaft.
(Epikur)

Die Antwort auf die Frage, weshalb Freundschaft wichtig ist, ist relativ simpel: Freundschaften machen ganz einfach glücklich. Sie sind einer der wichtigsten Faktoren für die Zufriedenheit von Menschen. Und das nicht nur bei uns in Europa, sondern generell und weltweit. Unzählige Studien bestätigen immer wieder, was angeblich schon Epikur wusste: „Von allem, was die Weisheit zur Glückseligkeit des ganzen Lebens bereithält, ist weitaus das Größte die Erwerbung der Freundschaft." Ich sage „angeblich", weil die genaue Herkunft solcher Zitate in vielen Fällen durchaus schwierig ist. Im Laufe der Menschheitsgeschichte hat sich eine Art großer Zitatenschatz angesammelt, aus dem man viele wertvolle Stücke entnehmen, aber oft nicht genau zuordnen kann. Das sagt aber bereits viel aus: Freundschaft scheint eine Grundkonstante in der Menschheitsgeschichte zu sein. Freunde und Freundinnen haben immer schon glücklich gemacht.

Viele Lieder besangen und besingen nach wie vor die Freundschaft, so dass hier nur eine kleine Auswahl der großen Songs aufgezählt werden kann, mit denen die meisten von uns aufwachsen oder zumindest irgendwann in Berührung gekommen sind: „With a little help from my friend" von John Lennon ist eine der großen modernen Freundschaftsoden der Popmusik. Ich persönlich liebe einen anderen Song, nämlich „Keep smiling, keep shining" von Dionne Warwick, der von vielen berühmten Sängern und Sängerinnen interpretiert wurde, u. a. von Elton John, Stevie Wonder und Whitney Houston. „Thank you for being a friend" von Andrew Gold ist ein weiterer Evergreen, der mir beim Thema Freundschaft sofort einfällt. Und natürlich und für immer Freddy Mercury/Queen mit: „Friends will be friends"!

Wer über Freundschaft nachdenkt, der denkt an berühmte Szenen aus der Filmgeschichte oder auch aus der Literatur: Ich persönlich mag die Szene aus dem „Herrn der Ringe", in der der Hobbit Sam seinen tief erschöpften Freund Frodo mit letzter Kraft den Berg hinaufschleppt in der Hoffnung, das Böse mit einer letzten verzweifelten Willensanstrengung doch noch gemeinsam und endgültig besiegen zu können. Was am Ende bekanntlich auch gelingt.

Eine ähnlich heroische Szene besingt Friedrich Schiller in seiner unsterblich gewordenen Ballade „Die Bürgschaft", die irgendwann alle Schulkinder auswendig lernen mussten und vermutlich auch deswegen niemals vergessen haben: Ein Freund bürgt mit seinem Leben für das Leben des anderen – im Vertrauen darauf, dass der Freund ihn nicht im Stich lassen wird. Der Tyrann Dionysos, der beide

Freunde in der Hand hat, ist angesichts dieses Vertrauens so tief bewegt, dass er beiden das Leben schenkt und sich wünscht, in solch einen Freundschaftsbund aufgenommen zu werden: „Ich sei, gewährt mir die Bitte, in Eurem Bunde der Dritte!"

Nicht so bekannt und auch nicht so spektakulär-heroisch, aber um nichts weniger berührend sind große Frauenfreundschaften. Da ist Sappho, die antike Dichterin von der Insel Lesbos, welche die Schönheit ihrer Freundinnen und Schülerinnen und auch deren Sinnlichkeit und Erotik besang. Da sind die berühmten Salondamen Rahel Varnhagen und Pauline Wiesel, mit denen im gewissen Sinne die Geschichte der sogenannten „besten Freundin" beginnt (siehe unten). Da ist die Philosophin Hannah Arendt und ihre lebenslange Freundschaft mit Mary McCarthy, die Arendts bewegtes Leben teilte und am Ende auch ihre literarische Nachlassverwalterin wurde. Zu nennen wären die „Frauen des Mailänder Buchladens" sowie die sogenannten Diotima-Philosophinnen, zwei italienische Philosophinnen-Gruppen, die seit Jahrzehnten in treuer Verbundenheit die traditionell männerdominierte Philosophie aufmischen.

Auch wenn vor allem Männerfreundschaften in vielen der genannten Beispiele aus der Literatur oder aus der Geschichte stark idealisiert und romantisiert erscheinen, so muss man wohl doch feststellen: Ohne Freunde/innen geht es nicht im Leben. Sie helfen das Leben zu meistern – in glücklichen und in unglücklichen Situationen, im Augenblick der Gefahr und im Alltag.

Dass das nicht nur eine persönliche Erfahrung ist, sondern wissenschaftlich nachgewiesene und beglaubigte Tatsache, bescheinigt die Glücksforschung[1] in zahlreichen Studien seit den 30er-Jahren des vergangenen Jahrhunderts: Einen Freund zu haben, dem Persönlichstes anvertraut werden kann, hat den gleichen Glückseffekt wie die Verdoppelung des Einkommens. Gute Freunde oft zu sehen, macht zufriedener als das Treffen mit Familienangehörigen. Dies gilt für alle Menschen, in besonderem Maße aber auch gerade für Singles und Geschiedene.

Demir & Weitekamp befragten vor einigen Jahren 423 Studierende in den USA. Nur elf Prozent hatten keinen besten Freund, im Schnitt waren es 4,4. Stärker extrovertierte Personen hatten mehrere „sehr gute Freunde". Wie immer im Leben kommt es aber auch in puncto Freundschaft nicht auf die Quantität, sondern auf die Qualität an: Menschen beschreiben einen Freund/eine Freundin als jemand, der sie zum Lachen bringt, der ihnen Selbstbestätigung und das Gefühl gibt, eine einzigartige Person zu sein. Das Empfinden, für Freunde/Freundinnen wichtig zu sein, erhöht das Glück, weil in Freundschaften wichtige psychische Bedürfnisse befriedigt werden können, speziell das nach Freiheit und Authentizität: „Wenn ich bei meinem Freund bin, fühle ich mich frei und so wie ich bin", berichten Menschen übereinstimmend.

Freundschaften machen Menschen in *allen* Altersstufen glücklich. Wer Kinder hat, weiß, dass die Frage nach dem/der besten Freund/in eine ganz zentrale Frage ist, die be-

---

1 Ich danke Anton Bucher für viele Hinweise auf Fachliteratur aus der Glücksforschung. Ausführliche bibliographische Hinweise zu den Studien und detaillierte Schilderungen finden sich in seinem Buch „Psychologie des Glücks".

reits im Kindergartenalter an Bedeutung gewinnt und in der Pubertät einen ersten Höhepunkt erreicht. Schließlich kann man kaum mit den Eltern über die erste große Liebe sprechen!

Ich konnte an meinen beiden Töchtern beobachten, dass schon ihre allererste große Freundschaft im Kindergarten oder in der Volksschule Ähnlichkeit mit einer Art ersten Verliebtheit hatte: Sie waren fasziniert von der Freundin, ahmten sie nach, wollten jede Sekunde bei ihr sein und waren tieftraurig, wenn es Streit gegeben hatte.

Die Psychologie geht heute davon aus, dass schon kleine Kinder mit drei Jahren erste Kontakte zu anderen Kindern aufnehmen. Befragt man Kinder in Studien, was für sie Freundschaft ist, so antworten sie geradeaus: „gemeinsames Spielen". Gemeinsame Abenteuer stehen im Mittelpunkt von Büchern und Filmen, die seit Generationen Klassiker sind. „Bibi und Tina", „Hanni und Nanni", „Fünf Freunde", „Die Wilden Hühner", „Die Wilden Kerle" und viele andere. Gemeinsam Gefahren bestehen, aber auch Gedanken und Gefühle austauschen, später dann auch erste sexuelle Erfahrungen, ist nur im Freundeskreis möglich. Selbstverständlich gibt es immer auch Konflikte, Machtgerangel, Teilen-Lernen wider Willen, Streit. Aber dies gehört wesentlich zur Sozialisation und ist ohne Freunde kaum erlernbar. Ganz zu schweigen von der Versöhnung nach dem Streit und der Tafel Schokolade bzw. dem Baumhaus, dessen Bau man dann doch wieder gemeinsam in Angriff nimmt.

Auch im höheren Erwachsenenalter verbinden Menschen Freundschaft mit Glück. Sowohl Zwanzig- als auch Achtzigjährige bezeichnen sich laut Umfragen am wahrscheinlichsten als „sehr glücklich", wenn sie mit ihren Freunden/Freundinnen etwas unternehmen. In schwierigen Lebenssituationen bieten freundschaftliche Beziehungen Halt. Freundschaft bedeutet gemeinsame Aktivität, Klettern oder Schachspielen, auch gemeinsames Feiern. Von einem/einer Freund/in wertgeschätzt, ja gelobt zu werden, erhöht das Selbstwertgefühl, einer der stärksten „Glücksanzeiger", die es gibt. Wer tiefe Freundschaften pflegt, kommt mit seiner Umwelt besser zurecht und fühlt sich freier und hoffnungsvoller.

Balsam für Freundschaft ist Dankbarkeit. Wer solche regelmäßig praktiziert, wird als noch liebenswürdiger wahrgenommen. Freundschaften beglücken also. Umgekehrt haben Glückliche mehr Freunde/innen und beziehen aus gemeinsamen Aktivitäten mehr Befriedigung. Sogar handfeste gesundheitliche Vorteile sind durch Freundschaften zu erwarten. Folgt man US-amerikanischen und australischen Studien, so sind Menschen mit guten sozialen Beziehungen im Vorteil: Sie leben zufriedener, sind körperlich gesünder und haben eine höhere Lebenserwartung. Ein deutlich stärkeres Immunsystem, verbesserte Wundheilung, ein geringeres Risiko für Herz-Kreislauf-Erkrankungen und Depressionen – all das sind die positiven medizinischen Auswirkungen, wenn Menschen Freundschaften pflegen. Freundschaft wirkt also wie ein Puffer gegen akuten Stress oder dauerhafte Belastungen, bringt Bindungshormone und Opioide zur Ausschüttung und ist damit eine Art kleine Wonnedroge. Oder in den ganz persönlichen Worten von einem meiner Freunde: „Freundschaft heißt, sich wohlfühlen in der Gegenwart des anderen".

Warme Insel in einer kalten Welt

Soziologische Aspekte von Freundschaft

Man ist nicht dort zuhause, wo man seinen Wohnsitz hat,
sondern wo man verstanden wird.
(Christian Morgenstern)

Folgt man der Darstellung der Medien, dann wird Freundschaft als Lebensform neben der traditionellen Lebensform der Familie immer wichtiger. Immerhin leben nach Angaben des Statistischen Bundesamtes beispielsweise nur noch 49 Prozent aller Deutschen in einem Familienverband. Die Zahl der Einpersonenhaushalte ist nicht nur in Deutschland, sondern in der gesamten westlichen Welt deutlich angestiegen, Tendenz nach oben hin offen. Laut Statistik Austria beträgt die aktuelle Zahl der Einpersonenhaushalte im Jahr 2015 in Österreich 1.413.620 und auch hier gehen Prognosen von einem weiteren Anstieg aus.

Überall schießen die Wohngemeinschaften aus dem Boden, in denen nicht Verwandte, sondern Freunde/innen zusammenleben. Standen diese Wohngemeinschaften früher noch stark im Verdacht, ein „Haufen von linken Alternativen und Hippies" zu sein, ist man heute mit solchen schnellen Urteilen vorsichtiger. Immerhin beenden weniger als 15 Prozent der Deutschen ihr Leben in vertrauter Umgebung.

Auch im Alter könnten Wohngemeinschaften unter Freunden/innen eines Tages zu einer vertrauten Lebensform werden, auch wenn die gegenseitige Pflege und Unterstützung im Alter vorläufig noch eher selten ist. Was jedoch bereits existiert, sind soziale Wohnprojekte oder auch Baugemeinschaften, in denen die Generationen miteinander ihr Leben auf freundschaftlicher Basis teilen. Anstelle der Großfamilie helfen Alt und Jung sich gegenseitig bei der Kinderbetreuung und beim Einkaufen. Individuelle Rückzugsmöglichkeiten sind von den Architekten dieser Baugemeinschaften genauso eingeplant wie Gemeinschaftsräume. Neuerdings gibt es sogar Versicherungen für Freundeskreise. Gemeinsam teilt man sich die Kosten der Versicherung insbesondere bei den Selbstbehalten.

Dass Freundschaft immer mehr zu einer eigenständigen Lebensform neben traditionellen Formen wie der Ehe wird, ohne sie freilich zu ersetzen, ist auch an Veränderungen in der Rechtsprechung spürbar: Im deutschen Sozialgesetzbuch existiert der Begriff der „Bedarfsgemeinschaft", der über die von Ehegatten und Verwandten geforderte Solidarität hinausgeht und Mitbewohner im gemeinsamen Haushalt in die Pflicht nimmt. Angesichts der wachsenden Zahl von älteren und alten Menschen in unserer Gesellschaft stellt sich die Frage, wie weit das Recht nicht nur Verbindlichkeiten zwischen Ehepaaren, sondern auch für andere Formen von Partnerschaften regeln muss. So sieht eine Rechtsreform des Erbrechts in Österreich ab 1. Jänner 2017 ein außerordentliches Erbrecht für Lebensgefährten/innen vor, die in den letzten drei Jahren mit der verstorbenen Person in einem gemeinsamen Haushalt gelebt haben. „Lebensgefährten/innen" sind dabei Personen, die nicht verheiratet sind oder in einer eingetragenen Partnerschaft leben – also auch Freunde/innen. Das Recht trägt hier also der zunehmenden Pluralisierung von Lebensformen Rechnung.

All diese Beobachtungen aus dem Alltag sprechen letztlich für die Tatsache, dass sich in westlichen Gesellschaften der Postmoderne neue familienähnliche Strukturen herausbilden, die nicht mehr auf dem Prinzip der Verwandtschaft beruhen, sondern auf dem Prinzip der freien Wahl. Man bindet und verpflichtet sich selbst, und das letztlich allein aufgrund von Sympathie und Zuneigung. Ich bin davon überzeugt, dass angesichts der zunehmenden Anzahl von Singles und Patchworkfamilien die Lebensform der Freundschaft in Zukunft noch an Bedeutung gewinnen wird. In meinem eigenen Freundeskreis habe ich beobachtet, dass durch familiäre Bindungen begründete Freundschaften manche Ehe überdauern. So manche Schwägerin und so mancher Schwiegervater erweist sich jedenfalls treuer als der Ex …

Der Soziologe Friedrich Tenbruck hat schon im vergangenen Jahrhundert die These aufgestellt: Immer wenn Gemeinschaften und Staaten zerfallen oder Gesellschaften ihren sozialen Kitt verlieren, greifen Menschen verstärkt auf Freundschaft als individuelles Phänomen zurück. Im Mittelalter mit seiner festen Einbindung des Individuums in eine relativ starre Gesellschaftsordnung hat jeder Mensch seinen Platz. Als diese Ordnung in der Zeit der Aufklärung zerfällt, verlassen sich Menschen wieder mehr auf individuelle Bindungen: In der Romantik (1798–1835) entsteht ein Begriff von Freundschaft, der bis heute unsere Vorstellungen prägt und insbesondere die Bedeutung der emotionalen Nähe zwischen Freunden/innen betont. Ich werde in Kapitel 5 darauf zurückkommen.

Dieses romantische Konzept von Freundschaft (und auch von Liebe), das allein und ausschließlich auf Gefühl, auf der Zuneigung zwischen zwei Menschen basiert, muss wohl als utopisch bezeichnet werden. In Wirklichkeit wurde und wird Freundschaft nirgendwo ausschließlich um ihrer selbst willen gesucht. Sie ist auch niemals nur ein individuelles Projekt zwischen zwei Menschen. Sie ist wie alle sozialen Beziehungen eingebettet in ein größeres soziales Umfeld. Analysiert man dieses Umfeld genauer, dann steht Freundschaft heute wieder neu und wesentlich für soziale Sicherheit und Wohlbefinden. Der Soziologe Heinz Bude von der Universität Kassel nennt Freundschaft sogar „den dritten Weg der Fürsorge" neben Familie und staatlicher Hilfe. Wo beide Institutionen als Stütze versagen – und Stütze ist hier nicht nur emotional gemeint, sondern vor allem sozial und oft auch ökonomisch –, gewinnt Freundschaft an Bedeutung.

Sie soll dort ihr Netz ausbreiten, wo das Individuum allein bleibt und ratlos ist. Denn bei allen scheinbaren Vorteilen einer freien und persönlich selbstgewählten Lebensführung ist die Situation des postmodernen Selbst eine sehr prekäre: Man fühlt sich zwar durchaus als „Herr" oder „Frau" des eigenen Lebens. Man ist frei hinzugehen, wo man leben will. Man wechselt den Arbeitsplatz mehr oder weniger freiwillig und nennt sich „flexibel" und „mobil". Neue Jobs, neue Kollegen/innen, neue Möglichkeiten jeden Tag … Man ist in vielen Welten daheim, ist viel unterwegs und bleibt damit frei, unabhängig und selbstbestimmt. Die postmoderne

Philosophie spricht vom „vagabundierenden" oder „noma-disierenden Subjekt" und tatsächlich ist diese Lebensform aufregend, spannend und herausfordernd. Auf der anderen Seite haben auch hartgesottene Vagabunden/innen hier und da das Bedürfnis nach Heimat und Geborgenheit. Nicht im-mer fühlt man sich gleich stark, nicht immer allen Anfor-derungen gewachsen. Man gibt ungern zu, dass die große Selbstbestimmung häufig durchaus die Last der Entschei-dung mit sich bringt: Wer bin ich heute, wer will ich morgen sein? Wer bin ich eigentlich insgesamt?

Solche Fragen sind – entwicklungspsychologisch und philosophisch gesehen – Fragen nach der eigenen Identität. Menschen suchen auch im 21. Jahrhundert den großen Zu-sammenhang, den Sinn in ihrem Leben. Wie bin ich gewor-den? Wie setzt sich das Puzzle meines Lebens zusammen? Setzt sich da überhaupt etwas sinnvoll zusammen oder fällt das Mosaik meines Lebens auseinander, weil kein Teil zum anderen passen will? Welche Geschichte habe ich anderen von mir zu erzählen?

Angesichts solcher Fragen sind auch die scheinbar autar-ken Menschen der Postmoderne auf sich zurückgeworfen. Der Preis der Selbstinszenierung als unabhängiges, starkes und freies Subjekt ist allzu oft das Gefühl der Heimatlosig-keit: nirgendwo dazugehören, immer unterwegs zu sein, auf dem Sprung irgendwohin in ein unbekanntes Morgen, von dem keiner weiß, wie sinnvoll es wirklich ist. Vagabun-dierende Subjekte suchen ein Zuhause. Einen Ort, wo sie hingehören, wo sie verstanden werden. Freundschaft wird zu einer warmen Insel in einer als kalt und einsam erfah-renen Welt.

Der Anspruch an Freundschaft teilt damit das Schicksal des Anspruches an die Liebe: Liebe wie Freundschaft sollen seit dem 19. Jahrhundert „reine Beziehung" sein, wie es der englische Soziologe Anthony Giddens formuliert hat. D.h. dass Menschen Liebe und eben auch Freundschaft um ihrer selbst willen suchen – nicht etwa, um gemeinsam für ihr wirtschaftliches Überleben zu sorgen oder Kinder in die Welt zu setzen, wie es die Menschheit jahrhundertelang getan hat. Nicht zuletzt deshalb habe ich vorher bewusst den Begriff „Utopie" benutzt. Ein Blick auf einschlägige Websites über das Wesen der Freundschaft mag als Bestätigung für diese Behauptung gelten: Da formieren sich rosa Wolken über Seen an Uferstegen, auf denen Menschen sitzen und Arm in Arm unter den Klängen entspannter Musik den Abendhimmel betrachten. Ein Betrachter würde kaum vermuten, dass es hier „nur" um Freundschaft geht, im Gegenteil: Alles sieht nach Liebe oder gar Verliebtheit aus. Und doch sitzen hier vorwiegend Menschen desselben Geschlechts auf einer Bank, schauen in den Abendhimmel, genießen die Gemeinsamkeit. Von sexuellen Handlungen ist weit und breit nichts zu sehen, ja Banner mit Versen über die Bedeutung tiefer Freundschaft dokumentieren klar, dass es hier nicht um Liebe und gar erotische Leidenschaft, sondern ganz allein um Freundschaft geht.

Dass solch romantische Sonnenuntergangs-Freundschafts-Videos nichts mit der oben geschilderten Altersvorsorge zu tun haben, um sich möglicherweise das Pflegeheim oder die private Pflegerin zu ersparen, ist offensichtlich. Freundschaft – wie die Liebe auch – ist zum bevorzugten Ort von Projektionen und Wunschphantasien aller Art geworden. Ob sie das auf Dauer aushält?

WER IST MEIN/E FREUND/IN?

Was Freundschaft ausmacht

Wenn du eine Freundin gewinnen willst,
dann gewinne sie durch Prüfung,
und vertraue ihr nicht zu schnell.
Denn manche ist nur in guten Zeiten eine Freundin,
doch in großer Not steht sie nicht mehr zu dir.
(Jesus Sirach 6,7f)[2]

Wer hat diese Erfahrung nicht schon einmal gemacht? Eine Prüfung misslingt, man hat Streit oder Stress, man erfährt von einer schweren Krankheit, der Ehepartner packt seine Sachen und reicht die Scheidung ein – und man steht allein da. Gerade nach Trennungen ist der Freundeskreis oft komplett weg. Man hatte ihn ja gemeinsam mit dem Partner. Und da stellt sich bei einer Trennung unweigerlich die Frage, auf wessen Seite die gemeinsamen Freunde/innen nun stehen. Nur wenige Freundschaften halten solche Krisen aus.

Auch Krankheit und Krisen aller Art sind Prüfungen für eine Freundschaft. „Hältst du noch zu mir, auch wenn ich meinen Arbeitsplatz verloren habe? Auch dann noch, wenn

---

2 Das Zitat entstammt der Bibel in *gerechter* Sprache.

ich krank bin oder alt werde? Wenn ich nicht mehr so erfolgreich und schön bin, wenn ich zu kämpfen habe?" Diese und andere Fragen stehen dann meist stumm im Raum. Wenn sie nicht direkt oder indirekt mit „Ja" beantwortet werden können, ist es mit der Freundschaft vorbei. Kaum etwas ist so enttäuschend, als von einem/r angeblichen Freund/in im Stich gelassen zu werden.

Die meisten alten Menschen sagen daher auch, dass sie nur wenige *echte* Freunde/innen im Leben gehabt haben. Aber was ist damit gemeint? Die spontane Antwort ist wohl die Antwort, die sich auch in der Bibel findet: *Echte* Freunde/innen bleiben da, wenn das Leben schwierig wird. Das Buch Hiob erzählt, wie der reiche und angesehene fromme Jude Hiob von einer schweren Krankheit befallen wird. Seine Freunde lassen ihn nicht im Stich. Zwar sind ihre Erklärungsversuche für Hiobs Krankheit nicht wirklich schlüssig und Ausdruck des Ringens um die Frage, wie denn einem so guten Menschen von Gott eine solch schwere Prüfung auferlegt werden kann. Doch in allererster Linie muss man mit Hochachtung zugestehen: Hiobs Freunde laufen nicht davon, sondern bleiben bei ihm. Sieben Tage und sieben Nächte harren sie bei ihm aus. Die Bibel erzählt, dass sie zunächst kein Wort sprachen: „Denn sie sahen, dass sein Schmerz sehr groß war" (Hiob 2,13).

Offensichtlich gibt es bei Freundschaften Abstufungen, die mit unterschiedlichen Erwartungen verbunden sind. Von einem/er echten Freund/in werden wir erwarten, dass er/sie genau in solch schwierigen Situationen *nicht* davonläuft. Von einem „Frollegen" – einer Wortneuschöpfung und Vermischung von Kollege und Freund – werden wir das eher *nicht* erwarten. Zwar propagieren viele Firmen mittlerweile das „Frollegentum" und zelebrieren damit nicht ohne ökonomische Hintergedanken die Firma als Familienersatz und Wohlfühlort, in der freundschaftlich zusammengearbeitet wird, doch sind Kollegen/innen nicht automatisch Freunde/innen.

Die Vorstellungen von dem, was Freundschaft ausmacht, sind individuell sehr verschieden. Das wurde mir bewusst, als ich meine Studierenden an der Universität Salzburg im Rahmen einer Lehrveranstaltung darum bat, mir in einer Kurzformel aufzuschreiben, wer für sie ein/e Freund/in sei. Die Auskünfte reichten von „Meine beste Freundin ist meine Ehefrau" über „Einer Freundin kann ich wirklich alles sagen" bis hin zu „Wenn ich mit jemandem regelmäßig ins Konzert gehe, ist das auch schon ein Freund". Eine genaue definitorische Festlegung ist tatsächlich eine sehr individuelle Angelegenheit. Die Bandbreite an Definitionen spiegelt höchste Ansprüche an Freundschaft bis hin zu sehr pragmatisch-nüchternen Einstellungen wider. Kein Wunder, dass Freundschaften vor allem zwischen erwachsenen Menschen daher auch oft gar nicht so leicht zu begründen sind. Wer sich selbst von einer Freundschaft nicht mehr als „gelegentlichen gepflegten Austausch bei einem Glas Wein" erwartet und dann vom anderen mit höchsten Erwartungen an eine „Seelenverwandtschaft" konfrontiert wird, kann leicht in Stress geraten. Entsprechend sind der Frust und die Enttäuschung auf der anderen Seite bereits vorprogrammiert.

Individuell verschiedene Erwartungshaltungen sind stets kulturell und geschichtlich gefärbt. Die Soziologin Alexandra Rapsch hat anhand von allgemeinen Konversationslexika die Definitionen von Freundschaft im Laufe der Jahrhunderte untersucht und festgestellt, dass auch sie Ausdruck der Erwartungen der jeweiligen Zeit sind: Die langatmigen und idealisierenden Definitionen von Freundschaft um 1850 bis 1900 werden in den 50er-Jahren des vergangenen Jahrhunderts durch sehr nüchterne Kurzformeln ersetzt, um dann in jüngster Zeit wieder ausführlicher, aber betont sachlich zu werden. Wikipedia formuliert es 2016 unter Rückgriff auf den Duden folgendermaßen kurz und bündig: „Freundschaft ist ein auf gegenseitiger Zuneigung beruhendes Verhältnis von Menschen zueinander, das sich durch Sympathie und Vertrauen auszeichnet."

Nun ist dies eine sehr offene Definition, die im Prinzip alle Menschen einschließt, denen wir Sympathie und Vertrauen entgegenbringen. Rein theoretisch könnte ich auf Basis dieser Definition auch den netten Supermarktinhaber in meiner kleinen niederösterreichischen Gemeinde als „meinen Freund" bezeichnen. Etymologisch gesehen wäre das sogar korrekt, denn im Germanischen ist das Wort „Freund" eine Partizipialbildung des Verbs „umwerben, freundlich behandeln"[3] Tatsächlich kann ich mich nicht über mangelnde Umwerbung und freundliche Behandlung seitens meines Supermarktinhabers beklagen. Dennoch würde ich ihn wohl kaum als meinen Freund bezeichnen.

Nicht jede nette Beziehung im Alltag ist eine Freundschaft. Im Deutschen differenzieren wir nicht umsonst

---

3 Friedrich Kluge: Etymologisches Wörterbuch der deutschen Sprache. Berlin, New York 1989, 232.

sprachlich zwischen „Freund/innen" und „Bekannten". Allerdings beobachte ich, dass vermutlich unter dem Einfluss der englischsprachigen Welt der Begriff der Freundschaft immer weiter ausgedehnt wird und zunehmend inflationäre Ausmaße annimmt. Vor allem in den USA spricht man durchaus schnell vom „friend of mine". Auch dort bedient man sich aber weiterer sprachlicher Differenzierungen, um eben doch Unterschiede in dem komplexen sozialen Beziehungsnetz um uns herum zu betonen. Unter „best friends" fallen auch in den USA nicht alle Bekannten.

Ein Blick in die Geschichte des Begriffs zeigt, dass die ursprüngliche Bedeutung von Freundschaft sehr eng mit Verwandtschaft zu tun hat. Freunde/innen können ganz einfach als „nahestehende Menschen" definiert werden, die sich ursprünglich im „Dunstkreis der Familie" befanden. Als Zeichen der Zugehörigkeit zur erweiterten Sippe dienten Rituale wie die berühmte Blutsbrüderschaft oder der Waffentausch. Sie begründeten ein Nahverhältnis, das den Freund in den Rang eines Bruders hob und damit zu einem Familienmitglied werden ließ. Winnetou und Old Shatterhand lassen grüßen.

Allerdings sind dem Freundeskreis gewisse natürliche Grenzen gesetzt. Die sogenannte Dunbar-Zahl (nach dem Anthropologen Robin Dunbar) macht uns darauf aufmerksam, dass das menschliche Gehirn durchschnittlich 150 Menschen als „Nahestehende" identifizieren kann. Diese 150 Menschen verändern sich im Laufe eines Lebens. Als ich neulich beim Geburtstag eines langjährigen Freundes eingeladen war, wurde mir diese Tatsache deutlich vor Augen geführt: Er hatte längere Zeit kein Fest mehr gefeiert, und mein Mann und ich stellten fest, dass wir bis auf wenige Ausnahmen praktisch keinen der Eingeladenen mehr kannten. Lebenssituationen ändern sich und dementsprechend auch die Menschen, die wir als „nahestehend" definieren. In den meisten Fällen gibt es aber einen kleinen und harten Kern von Personen, der erhalten bleibt. Eine überschaubare Anzahl von Freunden/innen gehören mit den Verwandten normalerweise zu denjenigen, mit denen man sein Leben teilt, d. h. Höhepunkte feiert und Krisenzeiten gemeinsam übersteht. Freunde/innen sind aber mittlerweile auch oft Familienersatz, wo aus diversen Gründen keine familiären Bindungen mehr bestehen. Verwandtschaft *hat* man, Freunde/innen sucht man sich aus. Sie sind *Wahl*verwandte, nicht *Bluts*verwandte.

Die Merkmale von Freundschaft – kleiner Streifzug durch die antike Philosophie[4]

Meine Töchter und ich stehen in der Küche und backen Apfelkuchen, ein von uns dreien geliebtes Nachmittagsritual am Samstag. Meine 11-jährige Tochter Katharina hat die Volksschule hinter sich gelassen und ist nun neu in der Mittelschule. Freundinnen[5] zu finden ist für sie sehr wichtig. „Warum ist die Bianca eigentlich deine neue Freundin?",

---

4 Der folgende Streifzug benutzt einige Gedanken aus der antiken Moralphilosophie als Sprungbrett für eigene Überlegungen. Hier wird keine systematische Darstellung einzelner Konzepte von Freundschaft angestrebt.

5 Alle hier angeführten Namen wurden geändert.

will ich wissen. Sie denkt nach. „Na ja, die Elisabeth und die Uschi sind auch meine Freundinnen", gibt sie zu bedenken. „Du erzählst aber fast immer nur von Bianca", gebe ich zur Antwort. „Ja, Bianca ist auch was Besonderes für mich", entgegnet sie. „Warum?", frage ich nochmals. „Warum ausgerechnet sie?" Sie runzelt die Augenbrauen: „Weil sie so anders ist als ich", antwortet sie. „Ich könnte mich selbst oft gar nicht aushalten. Ich bin manchmal so eine richtige Zicke. Da bin ich froh, dass ich die Bianca habe." „Und was ist dann mit der Lena?", will ich wissen (Lena war bisher die beste Freundin meiner Tochter). „Lena ist sowieso etwas ganz Besonderes", entgegnet Katharina. „Sie tröstet mich, wenn ich schlecht drauf bin. Wenn es sein muss, dann tröstet sie mich zwei Stunden lang. Und wenn es mir dann nicht besser geht, dann ist sie selbst traurig."

Unser Küchen-Dialog erinnert mich an meine Lektüre der antiken Philosophie zum Thema Freundschaft. Im alten Griechenland, als Männer philosophische Fragen mit anderen Männern erörterten, hat das Thema Freundschaft auch den weisen Sokrates beschäftigt. In Platons Dialog „Lysis" hat er junge Männer zum selben Thema befragt. Diese antworten zunächst, dass Freunde alles gemeinsam haben und voneinander profitieren. Dann aber erörtert Sokrates, ob es nicht umgekehrt genau die Gegensätze sind, welche eine Freundschaft ausmachen – eben weil der eine für den anderen nützlich sein kann. Freundschaft sei eine Frage eigener Bedürftigkeit, stellt Sokrates fest und dann: Ein Freund wird so dringend gebraucht wie eine Medizin im Fall einer Krankheit, und zwar als Heilmittel zum Guten. Sokrates sagt an dieser Stelle also nichts anderes als meine Tochter, die ihre Freundin Bianca als Ausgleich und „Heilmittel" für ihre gelegentlichen und selbst diagnostizierten Zicken-Anfälle beschreibt. Gegenseitiger Nutzen ist ein konstitutiver Bestandteil von Freundschaft, zumindest für Sokrates bzw. für Plato.

Ein anderes Problem bleibt allerdings für Sokrates in „Lysis" ungelöst: Muss man irgendwie *gleich sein*, um miteinander befreundet zu sein? Was aber heißt denn *gleich* sein? *Gleich sein* in Bezug auf wen oder was? Bedeutet *gleich* sein die gleiche Herkunft haben, das gleiche Alter, die gleichen Interessen, die gleichen Begabungen, die gleiche Einstellung? Eigentlich berichtet meine Tochter Katharina genau vom Gegenteil: Sie mag ihre Freundin Bianca, weil sie *anders* ist. Aber auch hier stellt sich die Frage: *Anders* inwiefern? „Ganz *gleich sein* ist langweilig", mischt sich meine jüngere Tochter Kristina ein. „Aber ganz *verschieden sein* geht auch nicht. Dann streitet man nur. Man muss irgendwie die Waage halten zwischen *gleich sein* und *verschieden sein*."

Wer konnte es wagen, jemals zu behaupten, dass Mädchen nichts von Philosophie verstehen? Die Balance zwischen Gleichheit und Differenz ist tatsächlich ein Schlüssel zu einer Freundschaft. Man merkt das spätestens, wenn die Freundschaft zu Ende geht. Der/die andere hat unvermutet ganz andere Werte, plötzlich zählen andere Dinge. Und man spürt: Die Freundschaft ist zu Ende, man ist (mittlerweile) *zu* verschieden bezüglich der Einstellungen. Es geht also bei der Gleichheit um etwas, was ich moralische Grundausrichtung nennen würde: Gleichheit oder zumindest eine Ähnlichkeit muss bestehen in Bezug auf das, was mir bzw.

dem/der anderen wichtig ist, was für uns im Leben zählt, also letztlich eine Ausrichtung auf gemeinsame Werte und Grundhaltungen zu diesen Werten – in der Sprache der antiken Philosophie gesagt: eine Ausrichtung auf gemeinsame „Tugenden".

Wenn zwei Menschen völlig unterschiedliche Werte haben, werden sie zumindest auf Dauer kaum miteinander befreundet sein. Vielleicht ist der Unterschied am Anfang faszinierend, irgendwann aber wird er störend. Was, wenn der eine stets großzügig ist und Geschenke macht, die andere aber chronisch geizig ist? Irgendwann wird die Differenz zu groß, um auf Dauer überbrückt werden zu können.

Die seltsame Faszination für einen anderen zu Beginn einer Freundschaft entsteht u.a. aus einem instinktiven Wissen, dass der/die andere ähnlich tickt, dass man eine ähnliche Wellenlänge spürt. Das englische „like" bringt dies durchaus gut auf den Punkt: Man mag jemanden („to like"), weil man eine Ähnlichkeit mit ihm/ihr spürt („alike"). Dabei ist freilich nicht entscheidend, ob der andere derselben Altersgruppe, derselben Schicht oder demselben Geschlecht angehört. Im Gegenteil: Unterschiede können belebend sein: Die Erfahrung des einen gleicht die Unerfahrenheit des anderen aus; die eine kann Vorhänge nähen, die andere Vorträge halten; die eine hat Stärken bei der Analyse von Problemen, der andere eher bei der Wahrnehmung von Emotionen; die eine ist gut in Mathematik, der andere gut in Deutsch.

Bezüglich bestimmter Fertigkeiten und Fähigkeiten gibt es für Freunde und Freundinnen nicht zuletzt durch diese Differenz durchaus einen handfesten Vorteil, worauf Sokrates in „Lysis" besondere Aufmerksamkeit legt. Dies ist also zumindest *ein* Aspekt des *platonischen* Konzeptes von Freundschaft. *Aristoteles*, Platons Schüler, hat im achten und neunten Buch seiner „Nikomachischen Ethik" den Nutzen einer Freundschaft zum eigenen Vorteil noch wesentlich differenzierter dargestellt und mit seiner Konzeption eine Grundlage philosophischen Nachdenkens geschaffen, die Denker und Denkerinnen aller Disziplinen bis heute beschäftigt. Nach Aristoteles gibt es drei Arten von Freundschaft, die auch durchaus alle das Etikett Freundschaft verdienen: (1) die „Lustfreundschaft" in der Jugend, die ein schnelllebiges und sehr emotionales Strohfeuer ist; (2) die „Nutzenfreundschaft" oder auch „Zweckfreundschaft", die genau so lange dauert, bis sie sozusagen ausgedient hat, weil der Zweck bzw. der Nutzen erreicht wurde; (3) die vollendete Freundschaft zwischen „Tugendhaften". Zwar können bei (3) Nutzen und Lust auch eine Rolle spielen, aber sie sind nicht absolut notwendig. Notwendig für (3) ist die gemeinsame Ausrichtung auf bestimmte Werthaltungen (Tugenden) und vor allem die Tatsache, dass sich diese Sorte Freunde gegenseitig „Benevolentia" entgegenbringen, wörtlich: das Gute füreinander wollen. *Das Gute füreinander wollen* klingt in der deutschen Übersetzung relativ technisch und spröde, vielleicht wäre es daher besser zu sagen: Wahre Freunde sind diejenigen, die füreinander das Beste wollen, und zwar um des anderen willen. Dass man dabei auch selbst glücklich wird und Freundschaft somit auch dem eigenen Wohl dient, ist für Aristoteles kein Widerspruch und auch kein Unglück. Der Mensch ist für ihn immer ein soziales Wesen, das wesentlich mit anderen und ihrem Geschick verbunden ist. Aristoteles ist allerdings nicht nur Pragmatiker, sondern auch Realist: Lakonisch setzt er hinzu, dass nur wenige Menschen zu dieser Art Freundschaft (3) fähig sind.

Freundschaft ist für die antike Moralphilosophie ein absolut unverzichtbarer Bestandteil des guten Lebens. Allerdings nicht nur aus Gründen des persönlichen Wohlergehens! So sehr Freundschaft zunächst einmal Sache zweier Menschen ist, so ist sie doch auch gesellschaftliche Angelegenheit. Letztlich halten Freundschaften Familien, Städte und Staaten zusammen, ja das Wohl der gesamten Gesellschaft hängt letztlich von praktizierter Freundschaft ab. Wahre Freunde belassen es nämlich nicht bei der vertrauten Zweisamkeit, sondern engagieren sich politisch, für das Wohl der Gesellschaft. Mit Freunden ist Staat zu machen, und das in einem ganz wörtlichen und in der damaligen Zeit ausschließlich auf Männer bezogenen Sinn.[6]

Aristoteles hat mit seiner Auffassung von Freundschaft alle nach ihm kommenden Philosophen/innen und Theologen/innen beeinflusst und tut das bis heute. Spuren seines Freundschaftskonzepts findet man auch bei Marcus Tullius Cicero, dem berühmten Staatsmann und Philosoph, der anlässlich des Todes eines Freundes eine Schrift in Dialogform „Über die Freundschaft" verfasst hat. Die Hauptfigur von Ciceros Dialog, Laelius, trauert um ihren verlorenen Freund Scipio: „Scipio und ich teilten dasselbe Haus und dieselben Mahlzeiten; wir waren gemeinsam Soldat; zusammen bereisten wir die Welt; zusammen verbrachten wir

---

6   Diese Tatsache der Exklusion von Frauen – wie man es heute wohl modern sagen würde – hat die feministische Ethik lange Zeit mit Skepsis auf Aristoteles und Co. blicken lassen.

unsere Freizeit auf dem Land. Wir widmeten jede freie Sekunde unserer Freizeit gemeinsamen Studien – verborgen vor der Welt und die Gegenwart des anderen genießend." Auch für Cicero ist Freundschaft letztlich eine Sache zwischen guten Menschen – man müsste korrekterweise sagen: zwischen guten *Männern* – und seine Ansprüche an Freundschaft sind hoch: Freunde sollten einander Fehler verzeihen, das Leben miteinander teilen, in wesentlichen Dingen einer Meinung sein und füreinander das Beste wollen. Freunde, so meint Cicero, seien wie Spiegel, also eine Art zweites Selbst: Wenn der eine reich ist, ist auch der andere nicht arm; wenn der eine einmal „schwächelt", ist der andere stark und greift ihm unter die Arme.

Das alles ist selbstverständlich wieder einmal die Schilderung eines Idealfalls und klingt gleichzeitig stark nach Zweckfreundschaft. Cicero geht jedoch einen entscheidenden Schritt weiter, der so ausdrücklich bisher nicht vorkam: Er beschreibt den *affektiven* Teil von Freundschaft: Freunde helfen einander eben nicht nur so gut sie können und verfolgen gemeinsame Projekte zum gegenseitigen Nutzen und zum Nutzen des Staates. Freunde sind einander auch in Liebe und Zärtlichkeit zugeneigt. Cicero scheut sich nicht darauf hinzuweisen, dass lat. „Amor" (Liebe) und „Amicitia" (Freundschaft) denselben Wortstamm haben. Freundschaft hat mit stoischer Gefühlsbeherrschung also nichts zu tun, sondern im Gegenteil: Freundschaft ist eine Sache der Emotion und der Zuneigung. Sie entspringt keinem Mangel, der irgendwie kompensiert werden müsste. Sie ist vielmehr in der Natur des Menschen verankert und entspringt seinem Bedürfnis nach Nähe und Verbundenheit.

Dass Cicero persönlich und politisch über viel Lebenserfahrung verfügt, wird spätestens in den Passagen klar, in denen er sozusagen Lebenshilfe-Tipps für die Auswahl von Freunden gibt: Geld und Karriere waren auch schon im alten Rom der Testfall von Freundschaft. Befördert jemand das Fortkommen des Freundes anstelle seines eigenen, ist er sicher ein Freund! Aufrichtigkeit, Sozialkompetenz und Sympathie sowie Treue in widrigen Umständen sind weitere „Qualitätsmerkmale".

Etwas später als Cicero erteilt auch der griechische Schriftsteller Plutarch in seinen Schriften über ethische Fragen „Moralia" Ratschläge zum Thema Freundschaft, die bis heute aktuell sind. Abgesehen davon, dass auch Plutarch die „Benevolentia" als Grundlage der Freundschaft versteht, gemeinsam mit der Freude am Zusammensein und der schon bekannten Ausrichtung auf das Gute (also auf die Tugenden), erörtert er ausführlich die Frage, ob es gut sei, mehr oder weniger Freunde zu haben. Dabei plädiert er eher für das, was man heute das „Konzept des besten Freundes" nennen würde. Zwar ist es nicht unbedingt erforderlich, nur einen einzigen Freund zu haben, meint Plutarch. Der Mensch darf durchaus mehrere haben. Aber: Wenn ein Strom sich in zu viele Nebenflüsse verteilt, dann hat der Strom nicht mehr genug Kraft und die Flüsse versanden. „Allen ein Freund zu sein heißt niemandes Freund zu sein", stellt Plutarch fest und mahnt sozusagen zur Konzentration auf einige wenige Freunde. Freundschaft bedürfe der Beständigkeit und eines festen Charakters – Eigenschaften, die nur bei den wenigsten Menschen zu finden seien.

Viele schöne und originelle Bilder für Freundschaft finden sich bei Plutarch auch bei der Behandlung der Frage, wie ein Freund denn zu gewinnen sei. Plutarch warnt hier vor allzu schneller Intimität, also vor voreiligen Offenbarungen gegenüber jemandem, der dieses Vertrauen vielleicht gar nicht verdient. Der Beginn einer Freundschaft, so Plutarch, ist der Schlüssel für ihre Dauer. „Lassen Sie es langsam angehen!", rät der Philosoph. Schließlich suche man einen Lehrer für seine Kinder oder einen neuen Sänger für seinen Chor ja auch mit Bedacht aus und überprüfe seine Fähigkeiten. Nichts sei schwieriger, als einen Freund loszuwerden, der einen zunächst sozusagen mit Komplimenten eingewickelt hat, sich aber auf längere Sicht lediglich als billiger Schmeichler erweist. Solche Freunde sind wie schlechtes Essen, das der Magen dringend wieder loswerden müsse, argumentiert Plutarch. Und schließlich zitiert er den berühmten Maler Zeuxis, dem seine Kritiker vorwarfen, zu langsam zu malen: „Ich gebe zu, dass ich langsam male, aber schließlich male ich auch ein Bild, das halten soll."

Es gibt viele andere Schriften zum Thema Freundschaft, die hier noch angeführt werden könnten, doch belassen wir es fürs Erste bei dieser Auswahl und wenden uns der Frage zu, die bereits einige Male angeklungen ist, nämlich der Frage nach den Anforderungen an Freundschaften. Was braucht es, damit Freundschaften zustande kommen, gelingen und halten?

Wie Freundschaften gelingen: Anforderungen

Betrachtet man die vielen Schriften über Freundschaft in der philosophischen Literatur, fällt auf, dass die wenigsten Philosophen eine Theorie von Freundschaft entwickelt und sie dann auf das Leben angewendet haben. Vielmehr verläuft der Weg umgekehrt: Aus der sehr realen Erfahrung von Freundschaft wird eine theoretische Reflexion darüber, was denn zu einer gelingenden Freundschaft gehört. Sehr häufig ist es die Erfahrung des Verlusts eines Freundes durch den Tod, die zum Nachdenken über Freundschaft führt, wie z. B. bei Cicero oder Michel de Montaigne: Wer war der andere für mich? Warum eigentlich hinterlässt er diese Leerstelle, die nicht ausgefüllt werden kann? Was war denn so wichtig an dieser Beziehung?

Auch in meiner Familie – wie in jeder Familie – gab es solche Verlusterfahrungen: Ich muss an dieser Stelle immer an die Freundschaft meines Vaters mit einem Mann denken, der in gewisser Weise meine Kindheit und Jugend mitgeprägt hat: Hans H. und meinen Vater verbanden nicht nur geschäftliche Interessen, die sie mit sprichwörtlichem schwäbischen Fleiß und Einfallsreichtum verfolgten, sondern auch gemeinsame Hobbys wie Radfahren sowie „Wein, Weib und Gesang", wie Onkel Hans (so nannten wir ihn) das wohl ausgedrückt hätte. Anders jedoch als mein Vater hatte Onkel Hans einen ausgeprägten Hang für skurrile Einfälle, denen er mit Leidenschaft und durchaus *nicht* mit schwäbischer „Knickrigkeit" (= Sparsamkeit) frönte: So liebte er beispielsweise Friedhofsengel, von denen einer bis heute in seinem Garten das Haus hütet, sammelte antiken

Kitsch (wie er das nannte) und kaufte seiner Frau einen wundervollen Konzertflügel. Jedes Jahr zu Silvester kam zur Freude der ansonsten meist kopfschüttelnden Nachbarschaft zur Jahreswende eine Kanone zum Einsatz. Mitten in einem schwäbisch-biederen Stuttgarter Vorort zelebrierte er das Image eines Lebemannes. Endgültig berühmt und berüchtigt wurde er jedoch als „Papageienmörder von Cannstatt", wie die lokalen Medien titelten: Onkel Hans hatte mit einem Luftgewehr eine aus dem benachbarten Stuttgarter Zoo ausgebrochene Gelbkopfamazone erschossen, weil sie ihn mit ihrem „unerträglichen Geschwätz" genervt hatte. Danach hatte er sie aus uns völlig unerfindlichen Gründen in die Tiefkühltruhe gesteckt, wo sie alsbald von der Polizei beschlagnahmt wurde. Diese war auf Anzeige der Nachbarschaft ausgerückt, welche das „Herumgeballere" schon lange gestört hatte und die den Tod der Gelbkopfamazone beklagte.

Als Kind habe ich nie ganz verstanden, was mein Vater an diesem oft sehr kapriziösen Mann fand – seine Frau „hat einiges mit ihm mitg'macht", wie wir Schwaben augenzwinkernd zu sagen pflegen. Mit 60 Jahren kaufte er sich einen roten Ferrari und lud alle seine Freunde/innen zu einer Probefahrt ein. Es war vermutlich das erste und auch einzige Mal, das jeder von uns persönlich in einem roten Ferrari durch kleinbürgerliche schwäbische Vororte gedonnert ist.

Sein Tod war standesgemäß und passte zu ihm: Mitten auf einer Feier – zwischen Wein, Weib und Gesang sozusagen – fiel er tot um. Mein Vater trauerte jahrelang um ihn und an seinem Todestag geht er bis heute mit Onkel Hans' Frau Helga und gemeinsamen Freunden/innen „Gansl essen". Selbstverständlich gab es im Leben meines Vaters und dem bis heute irgendwie lebendig gebliebenen Onkel Hans nicht nur unbeschwerte Zeiten, sondern durchaus ab und zu heftige Konflikte. Und doch: Noch heute spricht mein Vater von ihm mit Respekt und Sympathie als seinem Freund.

Was braucht eine Freundschaft, damit sie wirklich als „gelungene Freundschaft" bezeichnet werden kann?

Die folgenden Gedanken liefern sicher keine in sich ausgefeilte Theorie von Freundschaft, sondern nur einige Bausteine, welche mir jedoch wesentlich erscheinen und die nicht selbstverständlich einfach vom Himmel fallen. Selbstverständlich kann man sich Freundschaft nicht „erarbeiten". Sie beruht auf einer affektiven Zuneigung zum anderen, die letztlich nicht ganz und gar rational erklärbar und schon gar nicht machbar ist. Man mag einander oder man mag einander eben nicht. Es ist eine wesentliche und manchmal durchaus tragische Lektion in jedem Leben eines Menschen, dass man weder Liebe noch Freundschaft erzwingen kann. Wie alle affektiven Beziehungen beruhen beide auf dem Prinzip der Freiwilligkeit. *Wenn* aber Zuneigung vorhanden ist und jemand ganz freiwillig und wunderbarerweise einfach so seine Sympathie kundgetan hat, so dass eine Freundschaft entsteht, dann gibt es einige Herausforderungen, denen man sich stellen muss, wenn man mit jemand wirklich befreundet sein und es möglichst auch bleiben will.

Allerdings muss man realistisch sein und zugeben, dass die folgenden Bausteine, mit denen man das Gebäude einer Freundschaft baut, im Sinne von Idealen zu verstehen sind. In der Realität fallen sie weniger groß und weniger schön aus. Mit ihnen baut man im Normalfall auch keine losen

Verbindungen, lockere Freundschaften oder reine *Zweck*-beziehungen auf. Die hier vorgestellten Bausteine zielen vielmehr darauf ab, was Aristoteles die *Tugend*freundschaft nennt. Sie ist laut Aristoteles selten, doch gehe ich einmal davon aus, dass die meisten Menschen Sehnsucht nach mindestens *einer* solchen gelingenden Freundschaft in ihrem Leben haben. Ich behaupte, dass man an einer solchen Beziehung immer wieder arbeiten *kann* und *muss*, so wie in einer Ehe auch. So schön es ist, wenn man ganz unverdient sozusagen Freundschaft angetragen bekommt, so wichtig ist es auch, sie zu pflegen und Energie zu investieren, damit sie erhalten bleibt. Freundschaft wird damit gewissermaßen zu einem Projekt, an dem beide Seiten arbeiten müssen, damit es gelingt. Dass gute Freunde/innen aneinander und miteinander in einem moralischen Sinne wachsen, also durch ihre Freundschaft immer tiefer zu guten Menschen werden, ist ein Aspekt, den nicht nur Philosophen wie Epikur, sondern auch die heutige Entwicklungspsychologie betonen. Was man also in Freundschaften lernen kann und sein ganzes Leben lang im Blick haben muss, damit sie gelingen, ist:

Gegenseitigkeit – die richtige Balance
zwischen Autonomie und Care finden

Eine zum Klassiker gewordene Arbeit des Entwicklungspsychologen James Youniss weist auf die erste Kompetenz hin, die in Freundschaften von Kindheit an erlernt wird: die Reziprozität, die Gegenseitigkeit. Kinder lernen zunächst auf sehr elementarer Ebene, dass Freundschaft darin besteht, ein Spielzeug auszuborgen und im Gegenzug dafür eines herzuleihen. Mit zunehmendem Alter wird das Konzept von Gegenseitigkeit immer komplexer: *Ich* vertraue *dir* ein Geheimnis an, *du* vertraust dafür *mir* ein Geheimnis an. Manchmal ist Gegenseitigkeit gar nicht sofort möglich, aber „irgendwann gleicht sich alles aus", wie freundschaftserfahrene Menschen sagen.

Die langsam und durch Erfahrung erlernte Notwendigkeit der Wechselseitigkeit zwischen Geben und Nehmen spielt auch in Beziehungen zwischen Erwachsenen eine große Rolle. Sie ist bei weitem keine Sache, die einfach selbstverständlich funktioniert. Auch Erwachsene müssen feststellen, dass es auf Dauer keiner Freundschaft zuträglich ist, wenn immer nur einer gibt und der andere nimmt. Freundschaft ist kein therapeutisches Verhältnis, in dem die eine stets die Rolle der Therapeutin hat, während die andere in der Rolle des Hilfesuchenden ist. Nun gibt es natürlich immer wieder Situationen, in denen man einander hilft (sei es mit Know-how, sei es auch mit Zuhören oder schlicht mit der eigenen Gegenwart). Auf Dauer geht es jedoch in einer Freundschaft, die gelingen soll, nicht an, dass einer stets seine Probleme ausbreitet, während der andere immer ein offenes Ohr hat, tröstet, streichelt, dabei selbst aber nicht mehr zu Wort kommt. Zu einseitig wird die Beziehung, zu starr die Rollenverteilung des Gebenden und des Nehmenden. Impulse, auch erbetene Ratschläge, müssen *insgesamt* eine gegenseitige Hilfe sein, sonst wird die Freundschaft nicht lange halten. Noch schwieriger wird die Abgrenzung von Freundschaft zum Coaching, denn Coaching als Dienstleistung dient ja dazu, einem anderen zu verhelfen, seine Potentiale zu entdecken. Freunde/innen werden sich in diesem Sinne immer wieder gegenseitig coachen, doch müssen auch hier im Laufe der Zeit die Rollen des/der Ratgebenden und des/der Ratsuchenden immer wieder getauscht werden. Eine Freundschaft, die nur davon lebt, dass sich die eine bemüht und gibt, während die andere „betreut wird" – aus welchen Motiven auch immer –, ist ein Sozialprojekt und im schlimmsten Fall sogar ein Abhängigkeitsverhältnis. Es ist aber kein Verhältnis, von dem *beide* wirklich für sich selbst profitieren.

Eng verknüpft mit der Forderung nach Gegenseitigkeit, die schon für die antiken Philosophen ein zentrales Thema in puncto Freundschaft war, ist die Herausforderung, die richtige Balance zu finden – die Balance zwischen dem, was man englisch Care (Sorge) und Autonomie (in diesem Fall: Selbststand) nennt. Ich gehe davon aus, dass Menschen grundsätzlich einmal nach einem guten Selbststand streben. Man sieht das an Kindern, wenn sie in das Alter kommen, in dem sie permanent „selber machen" sagen und (manchmal zum Entsetzen ihrer Umgebung) möglichst *alles* selbst tun wollen. Jede gute Mutter und jeder gute Vater wird Kinder dabei unterstützen, die Dinge selbst zu machen, das Leben selbst in die Hand zu nehmen. Doch alle guten Eltern wissen auch, dass ihre Kinder dabei Unterstützung brauchen, weil sie eben Kinder sind, keine kleinen Erwachsenen. Sie sind ja im Laufe ihrer Entwicklung in abnehmendem Maße angewiesen auf ihre Eltern. Eltern und Kinder leben in einem asymmetrischen Verhältnis. Sie sind nicht gleich stark. Eltern haben mehr Erfahrung, wissen oft mehr, müssen ihren Nachwuchs beschützen. Niemand wird sein Kind unbeaufsichtigt mit dem heißen Bügeleisen hantieren lassen, nur damit es endlich „selber bügeln" kann. Niemand aber sollte seinen Sohn oder seine Tochter daran hindern, manches auszuprobieren und dabei durchaus manchmal schmerzliche Erfahrungen in Kauf zu nehmen. Das Ziel ist ja nicht „Überbehütung" durch Helikopter-Eltern, sondern wirklich der „Selbststand", das Selbst-leben-Können. Gute Väter und Mütter werden ihren Kindern also Raum zum Wachsen geben, werden gießen und düngen und manchmal auch ein wenig an den Zweigen herumschneiden.

Nun ist Freundschaft eben ein Verhältnis unter Gleichrangigen, kein Eltern-Kind-Verhältnis. Doch gibt es immer wieder Situationen, in denen man aufeinander angewiesen ist und die Unterstützung des/der anderen braucht. Das Ziel eines guten „Selbststandes" für beide beteiligte Personen sollte dabei dennoch nie aus den Augen verloren werden. Freundschaften sind nicht ausschließlich Sorgebeziehungen. Wenn sie gelingen sollen, müssen sie darauf abzielen, dass die beteiligten Personen auf ihren eigenen Füßen stehen können und dadurch gewissermaßen immer wieder ein symmetrisches Verhältnis von Gleichrangigen entsteht. Freundschaft setzt daher immer eine gewisse moralische Reife voraus: *Beide* Teile müssen darauf achten, dass keiner zu kurz kommt und dass es dem anderen gut geht. *Wenn* diese Voraussetzung erfüllt ist, dann kann ein/e Freund/in sehr wohl einen Coach ersetzen und der Therapie zumindest sehr wirksam vorbeugen helfen.

Damit die hier angesprochene Balance zwischen Care und Autonomie funktioniert, muss man etwas eingestehen lernen, was zumindest unserer westlichen Kultur der perfekten Fassade und der Coolness absolut widerspricht: die Verletzlichkeit der eigenen Person. Die meisten Mitglieder unserer westlichen Gesellschaften werden von Kindheit daran darauf trainiert, sich selbst zu präsentieren: cool muss man sein, witzig, intelligent, leistungsstark, lässig, gut drauf … Leider sind die meisten Menschen nur ab und zu in dieser Verfassung. Vor allem dann, wenn's schwierig wird, bedarf es eines Menschen, dem man anvertrauen kann, dass man gerade alles andere als „cool drauf" ist. Doch die wenigsten Menschen haben das gelernt. Die meisten wahren oft sehr lange und sehr gekonnt die perfekte Fassade. Und so kann es geschehen, dass wir vom physischen oder psychischen Zusammenbruch eines Menschen erfahren, der uns immer so erschien, als ob er/sie „alles im Griff hätte". Dann sind immer alle sehr erschüttert, denn niemand hat etwas davon geahnt …

Lange Zeit war Coolness ein typisch männliches Ideal. Ich denke, dass sich der mit diesem Ideal verbundene Anspruch mittlerweile auch an „Powerfrauen" richtet. Um es ein wenig platt zu formulieren: Die Frau, die nicht erfolgreich und selbstverständlich mit einer Top-Figur vier Kinder, den Haushalt und eine internationale Firma managt, entspricht nicht dieser Erwartung. Das Bewusstsein, ein verletzlicher Mensch zu sein – umgeben von anderen verletzlichen Menschen –, hat in der Welt der Ansprüche und der Perfektion keinen Platz mehr. Und so ist es tatsächlich erst das Burnout, die Depression oder eine andere Krankheit, welche die eigene Fragilität – die eigene Zerbrechlichkeit – bewusst machen. Und während einerseits in der Welt der Videoclips neben den männlichen immer mehr weibliche „Kampfmaschinen" auftauchen, die nach vollendeter Weltrettung immer noch sexy aussehen, mehrt sich die Anzahl derjenigen, die über Einsamkeit, Isolation und Ausgebranntsein klagen. Nur selten hat jemand den Mut, seine eigene Verletzlichkeit einzugestehen.

Was bedeutet „Verletzlichkeit" denn hier genauer? Verletzlichkeit kann sich zum einen auf ganze soziale Gruppen mit bestimmten Merkmalen beziehen: Kinder sind verletzlich, weil sie noch klein sind und viele Dinge nicht überblicken; alte Menschen sind verletzlich, weil ihnen oft die Kräfte zur Bewältigung des Alltags fehlen; Menschen mit einer Behinderung sind verletzlich, weil sie zumindest in manchen Bereichen ihres Lebens Unterstützung brauchen.

Es gibt aber zum anderen noch eine zweite Sorte von Verletzlichkeit. Man könnte sie auch als „Angewiesenheit" bezeichnen, die mit dem Wesen des Menschen selbst verbunden ist. Hier bedeutet Verletzlichkeit, dass jeder Mensch ganz grundsätzlich und immer auf seine Mitmenschen angewiesen ist, um sein Leben zu bewältigen. Dabei geht es gar nicht nur darum, dass ich mir selbst *ab und zu* eingestehen muss, dass angesichts einer *bestimmten* Situation die Kraft auszugehen droht; dass ein gewaltiges Hindernis im Weg steht, mit dem ich nicht alleine fertig werde, und dass ich gerade *jetzt* dringend jemanden an meiner Seite brauche, der mir beisteht. Verletzlichkeit ist nicht nur eine punktuelle Erfahrung. Menschsein heißt in einem ganz fundamentalen und grundsätzlichen Sinn: auf andere angewiesen sein. Frodo ist in der eingangs zitierten Stelle aus dem Film „Lord of the Rings" zu schwach, den letzten Teil des Weges allein zu gehen. Sein Freund *muss* ihn kurzerhand das letzte Stück auf seinem Rücken tragen. „He ain't heavy – he's my brother" bzw. die österreichische Version „Weilst mein Freund bist, kannst nie zu schwer sein" bringt diese Solidarität in der gemeinsam erfahrenen Angewiesenheit gut zum Ausdruck. Der andere ist mein Bruder/meine Schwester, insofern wir beide Verletzlichkeit als einen Teil unseres Menschseins erfahren.

Es sind vor allem die Grenzen des Lebens, sein Beginn und sein Ende, wo das sehr augenscheinlich wird. Ich kenne ziemlich hartgesottene Männer und Frauen, die angesichts ihres neugeborenen Babys zu ihrer eigenen Überraschung in Tränen ausgebrochen sind, weil ihnen schlagartig und zum ersten Mal im Leben klar geworden ist, wie zutiefst verletzlich Leben ist. Nackt und bloß hängt es buchstäblich am seidenen Faden bzw. an der mütterlichen Nabelschnur. Dieses grundsätzliche Verbundensein, die Bezogenheit auf andere und die Angewiesenheit auf lebenswichtige Verbindungen macht Verletzlichkeit zu einer Grundkonstanten der „conditio humana", der menschlichen Grundbefindlichkeit. Es ist nicht umsonst die feministische Theologie und Philosophie, die ein besonderes Gespür für diese Bezogenheit entwickelt hat, denn Frauen haben jahrtausendelange Kompetenz im Umgang mit Kindern und alten Menschen.

Verletzlich sein ist jedoch das eine, *Verletzlichkeit eingestehen* ist das andere. Was Kinder oft noch gut können, verlernen Erwachsene leicht. „Kannst du mich mal in den Arm nehmen?", haben mich meine Kinder oft gefragt, als sie noch klein waren. Kinder können zeigen, dass sie „bedürftig" sind, trostbedürftig, schutzbedürftig. Sie machen täglich die Erfahrung, dass sie klein sind und öfters jemanden brauchen. Sie haben daher auch viel weniger Probleme als die Großen, Verletzlichkeit im Sinne von Angewiesenheit einzugestehen.

Verletzlichkeit eingestehen zu lernen, hat weiter auch etwas mit der Fähigkeit zu tun, achtsam mit sich selbst, den eigenen Bedürfnissen und den Bedürfnissen der anderen umzugehen. Wer sich nicht eingesteht, dass er Bedürfnisse hat, wird sie auch anderen nicht zugestehen. Unter dem Panzer der Selbstherrlichkeit und der angeblichen Bedürfnislosigkeit wachsen dann Einsamkeit und das zunehmende Unvermögen, Verletzlichkeit bei anderen zu spüren. Wer das verletzliche Kind, das in einem jeden steckt, lang genug ignoriert, wird hart und leider keineswegs herzlich dabei. Er/sie ist cool und tough und tüchtig – aber das Gespür für die eigenen Bedürfnisse und die der anderen sowie das Gespür für die Angewiesenheit auf das grundsätzliche Wohlwollen der anderen ist verloren gegangen.

Verletzlichkeit bleibt bei aller Sehnsucht nach Selbstbestimmung und ihrer teilweisen oder vollständigen Realisierung ein Teil unseres Lebens – musikalisch ausgedrückt sozusagen eine durchgehende Basslinie, die einmal stärker und einmal schwächer zu hören ist, die aber immer vorhanden ist, weil sie zum menschlichen Leben gehört. Ob wir ab und zu eine Pause machen und dem Bass zuhören oder ob wir ihn möglichst mit hektischem Gefiedel überdröhnen, hängt sowohl von uns selbst als auch von unserer Umgebung ab.

Die Rede vom sozialen Selbst in der Moralphilosophie weist auf diese soziale Abhängigkeit hin, denn das Selbst entwickelt sich durch Interaktion mit anderen. Verletzlichkeit zeigen zu können und anderen Verletzlichkeit zuzugestehen hängt von sozialen Rahmenbedingungen ab, die das erlauben oder eben *nicht* erlauben. Verletzlichkeit kann nämlich nur derjenige zeigen, der damit rechnen kann, dass das nicht sofort ausgenutzt wird. Wer Angst hat, sofort als Schwächling ausgelacht zu werden, wird die Fassade um jeden Preis wahren wollen. Tränen kann ich nur dort weinen, wo ich annehmen kann, dass sie zugelassen sind. Unsicherheit oder auch Hilfsbedürftigkeit kann ich nur dort eingestehen, wo ich weiß, dass Raum, Zeit und Verständnis dafür ist. Im straff durchgetakteten Arbeitsalltag oder beim genau bemessenen Freizeitvergnügen bleibt oft keine Luft für das Eingeständnis von Verletzlichkeit. Hier *funktionieren* Menschen. Manchmal *muss* das auch sein, denn unsere Arbeitswelt beruht u. a. auf dieser Basis.

Dass jedoch ein *dauerndes* Funktionieren-Müssen zu jeder Zeit und an jedem Ort nicht durchhaltbar ist, ja dass es auf Kosten des guten Lebens aller geht, zeigt die hohe Zahl der an Depressionen und Burnout Erkrankten, die mittlerweile auch ökonomisch gravierende Folgen hat. Menschen *können* ganz einfach nicht immer funktionieren, sie haben ihre Grenzen. Obwohl das eigentlich fast alle wissen, wird es dennoch von fast allen ignoriert. Die Verletzlichkeit wird dann zum Therapeuten/zur Therapeutin gebracht, der bzw. die sie „heilen" soll. Verletzlichkeit im eben angesprochenen fundamentalen Sinn ist jedoch keineswegs therapiebedürftig. Man kann sie eigentlich nur bewusst akzeptieren, wahrnehmen und mit ihr umgehen lernen. Es bedarf dazu jedoch ganz dringend der Räume, sie mitzuteilen. Eine gute Freundschaft ist *der* Raum dafür.

Wichtig ist dabei: Dieser Raum darf auch wirklich real bewohnt werden. Ich sage das so ausdrücklich, weil zumindest das dem Vernunftprinzip verpflichtete Freundschaftsverständnis der Aufklärung des 17. und 18. Jahrhunderts diesen Raum als einen eher hypothetischen Raum betrachtet. Oder, um es mit Kant zu sagen: „Das ist ein wahrer Freund, von dem ich weiß und voraussetzen kann, dass er mir wirklich in der Not helfen werde. Weil ich aber auch ein wahrer Freund von ihm bin, so muss ich ihm solches nicht zumuten und ihn in solche Umstände und Verlegenheit versetzen. Ich muss solches von ihm nur vertrauen, aber nicht fordern, und lieber selbst erdulden als den anderen damit belästigen."

Vor lauter „Willen zur" Pflicht im Sinne der vernunftgeleiteten Aufklärung, vor lauter Pochen auf Gegenseitigkeit, wird hier einer Freundschaft nichts mehr zugemutet. „Man will ja nicht lästig sein." Meine Erfahrung ist, dass diese manchmal aus besten Motiven zum Dogma erhobene Zurückhaltung der Tod einer Freundschaft sein kann oder sie zumindest erheblich zu belasten vermag. Sie leistet einem gegenseitigen „Inszenierungszwang" Vorschub: Man zeigt einander ausschließlich eine perfekte Fassade, die irgendwann so fernab vom Leben ist, dass man den anderen weder in seiner Realität sieht noch emotional erreicht. Dieses Theaterstück ist zwar bequem und amüsant. Irgendwann wird es jedoch als Illusion entlarvt, die von Täuschung und Lüge gar nicht so weit entfernt ist. Freundschaft braucht Wahrhaftigkeit und Ehrlichkeit im Umgang mit den eigenen Schwächen und den Schwächen des/der anderen. In einer sehr individualistischen Gesellschaft der Leistungsfähigen haben wir verlernt, uns einander in unserer Verletzlichkeit zuzumuten. Und werden dabei immer einsamer.

Vertrauen riskieren

„Zähme mich", bittet der Fuchs den kleinen Prinzen in dem für mich nach wie vor berührendsten Buch über Freundschaft von Antoine de Saint-Exupéry. Als der kleine Prinz nicht versteht, erklärt der Fuchs: „Zähmen bedeutet: ,sich vertraut machen'. Du musst sehr geduldig sein. Du setzt dich zuerst ein wenig abseits von mir ins Gras. Ich werde dich so verstohlen, so aus dem Augenwinkel anschauen, und du wirst nichts sagen. Die Sprache ist die Quelle der Missverständnisse. Aber jeden Tag wirst du dich ein bisschen näher setzen können."

Manche hoffnungsfroh begonnene Freundschaft scheitert daran, dass sie letztlich, wie alle Beziehungen, ein riskantes Unternehmen ist, bei dem die beteiligten Seiten sich misstrauisch beäugen, vorsichtig einen Zug nach dem anderen setzen und sich nicht wirklich aus der Deckung trauen. Die Entwicklung einer echten tiefen Freundschaft setzt immer einen gewissen Vertrauensvorschuss voraus: Vertrauen, dass der andere nicht weitererzählt, was ich ihm über mich erzähle; Vertrauen, dass mein Gegenüber es gut mit mir meint; Vertrauen, dass meine Verletzlichkeiten nicht als Schwäche verhöhnt werden; Vertrauen, dass ich nicht ausgenutzt werde, weil ich dem anderen gerade ganz gut in seine Pläne passe.

Vertrauen ist etwas, was insbesondere in sogenannten asymmetrischen Situationen von entscheidender Bedeutung ist: Ein Patient vertraut seinem Arzt, eine Schülerin ihrer Lehrerin, ein Mädchen seinem Vater. So ist es auch in Freundschaften von Menschen, die sich ihrer eigenen Verletzlichkeit bewusst geworden sind: Beide wissen, dass sie um gegenseitiges Vertrauen gar nicht herumkommen, denn keiner von ihnen ist ausschließlich stark und unangreifbar. Jeder ist auf das Wohlwollen des anderen angewiesen. Einander zu vertrauen setzt also Mut voraus. Niemand weiß zu Beginn einer Freundschaft, ob sie gelingen wird. Niemand weiß auch, welche Belastungen kommen werden. Generell riskieren Menschen, die sich in liebevolle Beziehungen gleich welcher Art begeben, immer auch Schmerz. Als der kleine Prinz sich von seinem Fuchs verabschieden muss, sagt der Fuchs: „Ich werde weinen." „Das ist deine Schuld", sagt der kleine Prinz. „Ich wünschte dir nichts Übles, aber du hast gewollt, dass ich dich zähme … So hast du also nichts gewonnen!" Die Antwort des Fuchses ist angesichts des blonden Haarschopfes des kleinen Prinzen entwaffnend und rührend zugleich: „Ich habe die Farbe des Weizens gewonnen."

Jeder weiß, wie schön es ist, in diesem Sinne jemanden „zähmen" zu dürfen oder von jemandem „gezähmt" zu werden. Man erteilt sich gegenseitig sozusagen ein Einreisevisum für das Land und die Lebenswelt eines anderen Menschen. Mir gefällt auch das biblische Bild vom „heiligen Boden des anderen", den ich betreten darf. Hier ist immer Vorsicht, Respekt und Behutsamkeit geboten.

Wenn ich jemandem erlaube, „meinen heiligen Boden zu betreten", dann räume ich ihr in gewisser Hinsicht Autorität über mein Leben ein. Ich entwickle Zutrauen, frage um Rat, halte sie in hohem Ansehen. Ich schreibe an dieser Stelle ausdrücklich von „ihr" und „sie", denn dieser Gedanke des sogenannten „Affidamento" (ital. Zutrauen) entstammt dem italienischen Differenzfeminismus, der auf freundschaftliche Beziehungen zwischen Frauen besonders viel Wert legt. Differenzfeministinnen kämpfen dafür, dass Frauen ihre lang und gut einstudierten Balztänze im Kampf um das potente Männchen aufgeben und die andere Frau als Freundin sehen lernen – auch und gerade dann, weil sie anders ist. Jemand, der grundsätzlich einmal Zutrauen verdient und nicht im Hinblick auf IHN als möglicherweise hübschere Konkurrentin ausgestochen werden muss. Frauenfreundschaften auf dieser Basis haben viel Potential, in unserer Gesellschaft die Dinge zum Guten zu verändern. Als Beispiel sei hier nur die politische Bedeutung des interreligiösen Dialoges genannt, in dem Frauen aus sehr unterschiedlichen Kulturen Brücken zueinander bauen.

Wenn man einander „gezähmt" hat, dann ermöglichen Freundschaften Begegnungen, die Freunde/innen verändern und Spuren für immer hinterlassen. Man lernt etwas, man erkennt etwas, es geht einem ein Licht auf. Jemand hat buchstäblich etwas zu sagen, was man vorher so nicht wusste. Jemand wird in diesem sehr positiven Sinne eine

Autorität für das eigene Leben – eine Autorität, die ich einer Frau ganz bewusst durch mein Zutrauen einräume. Autorität kommt vom lateinischen Wort „auctoritas" bzw. von dem Verb „augere" (= wachsen, gedeihen lassen, nähren, erhöhen, steigern). Autorität anerkennt eine Beziehung der Ungleichheit. Eine Autorität hat einen Rat für mich, lässt mich wachsen. Allerdings kann ich diesen Rat jederzeit zurückweisen und behalte meine Entscheidungsfreiheit. Ich übe mich also *nicht* in blindem Gehorsam gegenüber einer Autorität und überlasse mich *nicht* willenlos ihrer Führung, wie es das patriarchale Autoritätsverständnis nahelegt, das kraft eines Amtes in einer hierarchischen Beziehung ausgeübt wird, ungeachtet, ob die meist weiblichen „Untergebenen" mit dieser Machtausübung einverstanden sind oder nicht. In dem von den Differenzfeministinnen erneuerten Verständnis begründet diejenige Autorität, die durch den Rat und das Wissen der anderen wachsen möchte. Damit entsteht eine freundschaftliche Beziehung, die – ähnlich einer Mutter-Tochter-Beziehung – Angewiesenheit, Verbundenheit *und* Freiheit zugleich beinhalten kann.

Insbesondere Lebenswenden mit der damit verbundenen Notwendigkeit, buchstäblich einen Fort-schritt zu machen bzw. innerlich zu wachsen, können meiner Erfahrung nach intensive Momente des „Affidamento" werden. Mit dem Abschied von Vertrautem und Liebgewordenem ist oft eine Suche nach neuen Autoritäten verbunden, was selbstverständlich nicht auf Frauen beschränkt ist: Plötzlich werden neue Beziehungen wichtig, die wachsen und reifen lassen und Schritte ins Neuland ermöglichen. Neue Möglichkeiten erscheinen am Horizont und es bedarf neuer Freunde/

Freundinnen, neue Wege einzuschlagen. Ohne ein gewisses Zutrauen in das Wohlwollen anderer geht das nicht.

Lebenswenden sind gleichzeitig immer auch Zeiten, wo sich entscheidet, ob die alten Freunde/Freundinnen in den neuen Lebensabschnitt mitgehen oder ob sie zurückbleiben. Auch hier ist Vertrauen gefragt – Vertrauen in die Fähigkeit und Bereitschaft der anderen, die Lebensreise auch im weiteren Abschnitt zu begleiten. Richtig guten Freunden/Freundinnen wird man auch steinige und steile Wege zutrauen. Die anderen bleiben möglicherweise als „Lebensabschnittsfreunde/innen" zurück. Hier trennt sich Spreu vom Weizen und diese Erfahrung ist wohl kaum zu vermeiden. Dennoch: Ohne ein grundsätzliches Vertrauen zueinander ist Freundschaft schwierig bis unmöglich. Und Vertrauen bleibt ein Risiko.

In aller Freiheit verbindlich sein

„Du bist zeitlebens für das verantwortlich, was du dir vertraut gemacht hast. Du bist für deine Rose verantwortlich", lehrt der Fuchs den kleinen Prinzen. Freundschaft als Sache der freien Wahl enthält ein hohes Maß an Freiheit. Weder der Beginn noch die anhaltende Existenz einer Freundschaft kann erzwungen werden. Anders als in einer institutionell geregelten Liebesbeziehung mit ihren rechtlich geregelten Verpflichtungen – etwas gegenüber Kindern – steht es einem/r Freund/in frei, jeden Tag die Tür zuzuschlagen und die Beziehung zu beenden. Auch wenn Liebe und Freundschaft nicht so leicht auseinanderzuhalten sind und uns das Abgrenzungsproblem in Kapitel 5 noch beschäftigen wird, so würde ich an dieser Stelle fürs Erste einmal behaupten, dass der „Pflichtanteil" bei einer Freundschaft weniger hoch ist als in institutionalisierten Formen von Liebe. Von einem/einer Freund/in erwarte ich mir nicht grundsätzlich die Einhaltung des Versprechens für „gute und böse Tage" wie in einer katholischen Ehe.

Wie jede echte Beziehung kommen aber auch Freundschaften nicht ganz ohne Verbindlichkeiten aus, wenn diese auch nicht formell vor der Öffentlichkeit ausgesprochen werden wie bei einer zivilrechtlichen oder kirchlichen Eheschließung. Fällt diese Verbindlichkeit völlig weg, dann sind Freundschaften in meiner Wahrnehmung äußerst anfällig dafür, zu reinen Zweckfreundschaften degradiert zu werden. Da ruft plötzlich jemand nach vielen Jahren des Schweigens an und beruft sich auf „unsere alte Freundschaft". Und dann stellt sich heraus, dass er ganz zufällig gerade eine Wohnung sucht, Urlaub in der Nähe machen will, PC-Probleme hat etc. Selbstverständlich wird man in den meisten Fällen hilfsbereit sein, aber der kleine oder größere Stachel bleibt: „Aha, dazu bin ich wieder mal gut!" Die wenigsten Menschen nehmen diese kleine Form des Ausgenutzt-Werdens wirklich tragisch, weil jeder einmal auf diese Art von Beziehungen angewiesen ist. Wenn Anrufe, E-Mails und Briefe bzw. die simple Frage „Wie geht es dir?" aber regelmäßig nur dann erfolgen, wenn es gerade passend und brauchbar ist, dann wird es kälter, dann wächst die Distanz. Und irgendwann kann es passieren, dass der/die um Hilfe Gebetene sehr kühl die Konsultation eines Reisebüros, eines Therapeuten oder einer IT-Spezialistin empfiehlt – und sich zurückzieht.

Durch die heutige Dominanz der Arbeitswelt sind Freundschaften immer von Instrumentalisierungstendenzen bedroht. Der hohe Grad an Vernetzung, der Teil jedes Arbeitsplatzes ist, macht es zunehmend notwendig, immer gute Kontakte zu haben. Wir leben in einer Welt der „Networkerinnen", der „Socializer", der „Good friends" immer und überall. Doch sind diese Freundschaften trügerisch. Sie suggerieren nämlich eine emotionale Nähe, die de facto gar nicht besteht. Ich kann mich an eine sehr beeindruckende und politisch einflussreiche Dame erinnern, die ich vor Jahren als Journalistin porträtierte. Sie kannte alle und jeden, hatte überall ihre Fäden und Kontakte. Herzlich und originell war sie, witzig, attraktiv und überall beliebt. Dann ging sie in Pension und es kam das große Erwachen: Die vermeintlichen Freunde/innen riefen nicht mehr an, Einladungen wurden zusehends spärlicher und blieben ganz aus. Sie war – in eigenen Worten – „nicht mehr wichtig". Am Ende standen eine handfeste Depression und viel Einsamkeit. Sie hat den Schock überlebt und ihr Leben neu geordnet, doch hat sie mich daran erinnert, dass die andauernde Verzweckung von Beziehungen *der* Freundschaftskiller schlechthin ist.

Auch wenn Freundschaft immer eine freiwillige Angelegenheit bleiben wird, so beruht sie doch auf dem meist nie explizit ausgesprochenen Versprechen, es für eine längere Zeit gut miteinander zu meinen. Die Philosophin Hannah Arendt, die ihre Freundschaften immer sehr bewusst gepflegt hat, hat in ihrem Buch „Vita activa" die These vertreten, dass moralische Identität, also moralisches Selbstsein-Können, aus der Fähigkeit besteht, (1) einander vergeben zu können (bezüglich der Vergangenheit) und (2) einander Versprechen geben zu können (bezüglich der Zukunft). Arendt spricht hier auf Basis der aristotelischen Konzeption von Freundschaft in erster Linie von *politischen* Pakten und Verträgen, doch kann man sowohl das Vergeben-Können als auch das Versprechen-geben-Können in meinen Augen auch auf eine *individuelle* Freundschaftsbeziehung anwenden. Im Gegensatz zu einer reinen Zweckfreundschaft (wie zwischen Staaten üblich, die gemeinhin zum Nachbarstaat gute diplomatische Beziehungen pflegen), versprechen die Beteiligten in einer Tugendfreundschaft einander, dass die Beziehung nicht nur dann besteht, wenn der Kontakt sich gerade auszahlt. Mit einem Wort: Hier ist wieder die „Benevolentia" angesprochen, von der in der antiken Moralphilosophie so oft die Rede war und die sich auf das Wohl der beteiligten Personen um ihrer selbst willen bezieht.

Heute ist Verbindlichkeit in Freundschaften genau wie in allen anderen Beziehungen, so auch in der Ehe, ein sehr gefährdetes Gut. Wo Arbeitsverhältnisse Menschen fortwährend durcheinanderwirbeln, Zeitdruck herrscht, dauernd Leistung erbracht werden muss, da ist sie immer in Gefahr, zur reinen Zweckbeziehung degradiert zu werden.

Differenz aushalten und achten lernen

„Gleich und gleich gesellt sich gern" ist vermutlich nicht erst seit Aristoteles, der diesen Grundsatz von der Gleichheit und der daraus folgenden Gemeinschaft ausdrücklich formuliert hat, eine Erfahrungstatsache: Man schließt gerne Freundschaften mit Leuten, die derselben Schicht angehören, demselben Alter, demselben Bildungsstand, demselben Geschlecht. Doch Gleichheit bezüglich dieser Faktoren ist nicht unbedingt Voraussetzung für Freundschaft, im Gegenteil: Der Charme von Freundschaften besteht oft genau in den Unterschieden. Einer der Lieblingsfilme meiner Töchter ist die Geschichte von „Rico, Oskar und die Tieferschatten". Rico ist laut eigener Darstellung „tiefbegabt". Er ist langsam im Denken, verwechselt permanent rechts und links und kann sich keine Fremdwörter merken. Dafür hat er ein goldenes Herz und niemals Angst vor Menschen. Oskar dagegen ist hochbegabt, trägt stets einen Schutzhelm oder eine Sonnenbrille, ist introvertiert bis autistisch. In den Büchern und Filmen, welche die Geschichte der beiden erzählen, ist diese Differenz nicht nur Anlass für viele komische Situationen, sondern wird zur Voraussetzung für beide, mit ihren jeweiligen Schwächen zurechtzukommen. Oskar hilft Rico beim Denken, Rico Oskar beim Leben. Die Botschaft ist: Gemeinsam schaffen wir es!

Nicht immer allerdings ist die Beziehung zwischen sehr verschiedenen Menschen in Freundschaften so einfach wie bei Rico und Oskar. Auf einem ganz anderen sprachlichen und literarischen Niveau und mit einem großen Schuss Melancholie hat beispielsweise Thomas Mann seine beiden Freunde in seiner Erzählung „Tonio Kröger" ausgestattet: Da ist Tonio, der begabte Dichter und halbe Italiener, der in der Welt des kaufmännisch-hanseatischen Norddeutschlands niemals wirklich zuhause sein wird. Und da ist sein Freund Hans Hansen, in dessen Namen schon die unkomplizierte und vielleicht auch ein wenig bürgerlich-banale

Existenz eines ganz normalen Bürgers steckt. Und doch sind die beiden Freunde: Einander zugetan, aneinander interessiert, bemüht umeinander. Dennoch finden sie nie ganz zueinander, bleibt bei aller Sympathie ein Abstand, der kaum überbrückt werden kann und zumindest Tonio oft verzweifelt und sehnsüchtig auf das wohlgeordnete Leben des Freundes blicken lässt: Ausgeschlossen ist der verträumte und sensible Künstler von der Welt des lustigen Biedermannes. Fremd und seltsam fühlt er sich dort und wird es tatsächlich auch immer bleiben. Er steht buchstäblich vor der Tür des anderen und schaut seinem Leben zu. Selbstverständlich stehen Tonio und Hans symbolisch für zwei verschiedene Welten, die zueinander nicht kommen können (Künstlertum und Bürgerexistenz), doch kann man die Erzählung auch als literarisches Denkmal für die bleibende Differenz lesen, die Freunde/innen manchmal nur mühsam aushalten können.

Wie geht man am besten mit solcher Differenz um? Ehrlichkeit und Authentizität sind erste Ansätze. Wer in einer Freundschaft den Stil des anderen nachahmt nur um des lieben Friedens und der Harmonie willen, der kaschiert die Differenz, anstatt sie auszuhalten. Beste Freundinnen im Jugendalter kopieren den Haarschnitt und den Stil der anderen. Erwachsene sollten das eigentlich nicht mehr tun. Dennoch ist es manchmal nicht ganz einfach mit einem Menschen, der so anders ist als man selbst. Wer Freundschaften ausdrücklich als Garant und Quelle persönlichen Glücks definiert und bleibenden Differenzen aus dem Weg geht, nimmt Freundschaften auch ihr Potential, die an ihr beteiligten Personen auf sehr heilsame Weise verändern zu können und ihnen Entwicklungsmöglichkeiten zuzugestehen. Es gibt daher keinen Grund, sich um des lieben Friedens willen in Freundschaften selbst zu verleugnen, nur um jemand zu gefallen. Der eher rational-nüchterne Typ muss die in seinen Augen überspannte Emotionalität des anderen aushalten, während der emotionale Typ lernen muss, dass Nüchternheit nicht gleichzusetzen ist mit Kälte und Arroganz. Jemand so „sein zu lassen", wie er/sie eben ist, ist eine der größten Fähigkeiten, die man in einer Freundschaft lernen kann. Ganz freiwillig. Und manchmal durchaus schmerzlich.

Nicht nur Unterschiede bezüglich Temperament und Charakter sind manchmal (schwer) auszuhalten, sondern auch bestehende Differenzen bezüglich moralischer Einstellungen und Ansichten. Immanuel Kant hält es für unerlässlich, dass Freunde/innen die „gleichen Principia des Verstandes und der Moralität haben". Tatsächlich wird eine Freundschaft schwierig sein, die in der allgemeinen Ausrichtung auf große Ziele zu unterschiedlich ist: Welcher Mensch, der um sozial verantwortliches Handeln ringt, kann mit einem Menschen befreundet sein, der ausschließlich an sein eigenes Wohl denkt und daran auch nichts Anstößiges erkennen kann? Doch je konkreter die Situation und je konkreter das moralische Problem, desto wertvoller sind Differenzen im besten Sinne: Mit dem Blick eines/r Freundes/in sehen zu lernen, seine/ihre Urteile mit den meinen zu vergleichen, die Kraft der Argumentation in freundschaftlichem Streitgespräch miteinander zu erproben und manche liebgewordene Einschätzung revidieren zu können, ohne dabei das Risiko einzugehen, als „dumm und unwissend" zu gelten, macht Freundschaft als soziale Beziehungsform zu einem der wertvollsten Lebensräume moralischen Wachstums. Viel Unrecht und viel Leid auf der Welt könnte in meinen Augen dadurch vermieden werden, dass persönliche Grundhaltungen, bestimmte Entscheidungen und Handlungen immer wieder von neuem in einem guten Gespräch mit Freunden/innen im Vorhinein durchdacht und im Nachhinein überprüft werden könnten. So gesehen ist Freundschaft tatsächlich immer mehr als ein rein individuelles Projekt zwischen zwei Menschen, hat sie im besten Sinne eine politisch-öffentliche Bedeutung für die Gesellschaft und für das gute Leben aller Menschen miteinander in dieser Welt.

Von „Sonnenblumen-Augenblicken" und der Kunst, Freundschaften zu pflegen

Der „Sonnenblumen-Augenblick" oder Wenn jemand mein Herz berührt

Auf den Wegen der Freundschaft
soll man kein Gras wachsen lassen.
(Marie-Thérèse Geoffrin)

Vor etlichen Jahren hatte ich einen Arbeitskollegen, mit dem ich acht Stunden tagtäglich in einem kleinen Zimmer verbracht habe. Bei so einer Konstellation – Schreibtisch an Schreibtisch – bekommt man praktisch alles von einem zunächst wildfremden Menschen mit: seine Gewohnheiten, seine Geräusche, ja sogar seinen Geruch. Angesichts einer derart erzwungenen Nähe gibt es eigentlich nur zwei Möglichkeiten: Entweder man beginnt den anderen relativ schnell unausstehlich zu finden oder man gewöhnt sich an ihn. Man erfährt von den Vorlieben des anderen, man hört mehr oder weniger freiwillig seinen persönlichen Telefonaten zu und man tauscht Gedanken aus. Manchmal ärgert man sich gemeinsam über den Chef und im besten Fall lacht man ziemlich viel miteinander. In meinem konkreten Fall fand ich eines Morgens eine Sonnenblume auf meinem Schreibtisch. „Bitte sehr – weil du doch sicher Sonnenblumen magst!" Wir kannten einander mittlerweile so gut, dass keiner von uns beiden diese Geste irgendwie als „Avance an die Kollegin" missverstanden hätte, wir waren beide sehr zufrieden verheiratet. Bis heute bewundere ich allerdings den Mut, der mit dieser Sonnenblume verbunden war, die so deutlich Licht und Wärme zum Ausdruck brachte. Der geschätzte Kollege, der in diesem Moment endgültig zu meinem Freund wurde, ist lange schon tot und hat in meinem Leben für immer eine schmerzliche Lücke hinterlassen. Aber wenn ich im Herbst die ersten Sonnenblumen auf dem Feld sehe, denke ich an ihn und an unsere Freundschaft, die damals begonnen hat.

In jeder Geschichte einer Freundschaft gibt es meiner Erfahrung nach so einen „Sonnenblumen-Augenblick", wo Sympathie offengelegt wird. Es kann ein Geschenk sein, eine lange Umarmung, eine Einladung oder ein Foto. Ich will diesen Moment mit Franz Werfel als den Moment bezeichnen, „wo jemand mein Herz berührt". Ich habe sie seinem Roman „Die vierzig Tage des Musa Dagh" entnommen, der den Völkermord an den Armeniern beschreibt. Mitten in den Wirren dieses Völkermords trifft der fast achtzigjährige protestantische Pastor Johannes Lepsius auf den Führer der muslimischen Derwisch-Orden, auf Scheich Achmed. Eine interreligiöse Begegnung in höchst prekärer Situation, belastet von Krieg und Gewalt und Vorurteilen auf beiden Seiten. Vor dem Gespräch bittet Scheich Achmed den Pastor, sein Gewand über der Herzgegend aufzuknöpfen: „Vielleicht hat dir unser Bruder Nezimi schon berichtet, dass wir hier weniger uns auf Worte verlassen als auf die

Berührung von Herz und Herz. So lass uns denn prüfen, wie es mit unsern beiden Herzen steht … Es gibt ein zwiefaches Herz. Das fleischliche und das geheime himmlische Herz, das jenes umschließt, so wie der Duft die Rose einhüllt. Dieses zweite Herz verbindet uns mit Gott und mit den Menschen. Öffne es bitte!"

Der „Sonnenblumen-Augenblick" ist so ein Moment der gegenseitigen Herzensberührung und Herzenseröffnung, wie ihn Franz Werfel beschreibt. Er enthält eine große und einmalige Chance, nämlich das Eingeständnis, dass ein Mensch, der bisher einer unter vielen war, etwas Besonderes für mich werden könnte. Jemand, der einmalig ist, unersetzbar und nicht austauschbar.

Als ich vor vielen Jahren meine Freundin besucht habe, fand ich die Fotos meiner Kinder auf ihrem Schreibtisch. Ich war überrascht. Sie sah mich jedoch nur groß an und sagte: „Aber du bist meine Freundin. Selbstverständlich stehen die Fotos deiner Kinder auf meinem Schreibtisch!" Auch das war so ein Moment, wo mir klar wurde, dass da längst eine Vertrautheit gewachsen war, die ich über die vielen Jahre hinweg gar nicht richtig bemerkt hatte. Ich bin jedenfalls an diesem Abend sehr glücklich und beschwingt nach Hause gefahren.

Es ist dieser magische Moment, der Freundschaft und Verliebtsein ein wenig miteinander verbindet, so dass man beide schwer voneinander unterscheiden kann. Im Gegensatz zum berühmten Blitz aus heiterem Himmel ist der Freundschaftsmoment aber eher klein, unspektakulär und unscheinbar. Eben kein großer Strauß roter Rosen, sondern eine einfache Sonnenblume oder Kinderfotos auf dem Schreibtisch. Im Strudel der alltäglichen Routine sind solche Momente leicht zu übersehen. Manchmal wird erst Jahre später klar, dass es diesen Moment gegeben hat. Möglicherweise hat man ihn gar nicht bemerkt und ist im Nachhinein überrascht: Ja, da ist etwas gewachsen, das kaum wahrgenommen wurde, aber plötzlich wichtig ist.

Erinnerungen an diesen magischen Moment wärmen das Herz. Der Moment, in dem jemand mein Herz berührt, ist nicht erzwingbar. Er ist einfach plötzlich da. Wie alle großen Dinge im Leben – die Liebe, das Kinderkriegen – ist er ein Geschenk. Die einen werden ihn ein Geschenk des Lebens nennen, die anderen ein Geschenk Gottes. Wie auch immer – er bleibt letztlich ein Geheimnis. Denn es gibt viele Menschen mit der „gleichen Wellenlänge", viele Menschen mit ähnlichen Fragen, Sorgen und Problemen. Man kennt sie, man trifft sie jeden Tag, man mag und respektiert sie – und dennoch bleibt dieser entscheidende Moment aus, wo auf irgendeine Weise offen zutage tritt, was längst schon existiert. Dieses „entscheidende Etwas" kann man kaum in klare Worte fassen: Jemand spricht etwas in uns an, bringt etwas zum Schwingen und plötzlich ist klar: Ich fühle mich wohl in deiner Nähe. Für Freundschaft wird nicht umsonst die Metapher des Nachhause-Kommens benutzt und darin liegt eine tiefe Wahrheit. „Heimat ist unerlässlich, aber sie ist nicht an Ländereien gebunden. Heimat ist der Mensch, dessen Wesen wir vernehmen und erreichen", sagt der Schriftsteller Max Frisch.

Von der Kunst, Freundschaften zu pflegen

Auch wenn der magische Moment sich der Machbarkeit entzieht, so möchte ich doch auch festhalten, dass das *Danach* eine Frage der bewussten Gestaltung ist. Freundschaften zu leben, Freundschaften hochzuachten und ihnen im eigenen Leben Raum zu geben, ist in meinen Augen eine Lebensentscheidung, ähnlich der Entscheidung für eine Ehe oder auch für ein zölibatäres Leben. Wenigen Menschen ist dies bewusst bis zu dem Zeitpunkt, an dem sie – meist in einer Krise – feststellen, dass sie eigentlich keine Freunde/innen im oben beschriebenen Sinne haben. Deswegen müssen diese Menschen keine einsamen zurückgezogenen Melancholiker/innen sein! Ich kenne extrovertierte und allseits beliebte Menschen beiderlei Geschlechts, die darüber klagen, dass es ihnen an echten Freundschaften mangelt.

Im Allgemeinen ist im fortgeschrittenen Alter das Schließen von Freundschaften schwieriger als im Kindesalter. In Kindheit und Jugend bzw. im jungen Erwachsenenalter sind Menschen offen für andere: Sie sind neugierig auf die Geschichten der anderen, sie lassen sich vertrauensvoll auf neue Begegnungen ein. Die gemeinsamen Erfahrungen, die man als Kind, Jugendlicher, junge Frau und junger Mann gemacht hat, bilden oft lebenslang eine fast unerschütterliche gemeinsame Basis – wenn man sie dann irgendwann bewusst als Freundschaften erkennt und zu pflegen beginnt.

Ganz von selbst entwickeln sich nämlich auch Kindheitsfreundschaften auf Dauer nicht weiter. Sie wollen wie alle sozialen Beziehungen gehegt und gepflegt werden. Sie sind zarte Pflänzchen, die unter klirrender Kälte oder zu großer Hitze leiden. Sie mögen nicht vernachlässigt in einem Blumentopf vor sich hinwelken und niemals gegossen werden. Manchmal sterben sie fast unbemerkt, weil man sie schlichtweg zu lange vernachlässigt hat. Sie sind immer gefährdet durch Zugluft und manchmal überraschend stark und lebendig, wenn sie wieder ihren richtigen Platz gefunden haben.

Freundschaften zu pflegen ist also eine Kunst, die – wie alle „Künste" – erlernt, verfeinert und gepflegt werden will. Sie ist kein Fast Food, das schnell und preisgünstig lieferbar ist, wenn der Hunger groß ist und die Küche kalt. In gewissem Sinne ist die Pflege von Freundschaften daher immer eine Art Akt des Widerstandes gegen die Gesetze unserer Zeit: möglichst schnell, möglichst viel, möglichst billig und vor allem effektiv im Hinblick auf den Nutzeffekt für das eigene Ich. Eine kleine Streicheleinheit, ein wenig emotionaler „Support" – und schon geht es weiter im Karussell des Lebens. Während Zweck- und Nutzenfreundschaften diese Einstellung vermutlich lange aushalten, nehmen „Tugendfreundschaften" im aristotelischen Sinne diese Behandlung auf Dauer übel. Sie beanspruchen einen gewichtigen Platz im Leben. Sie verlangen Begegnung, Zeit und persönliches Engagement.

Genau hier aber begegnet einem Menschen, der sozusagen entschlossen ist, einer Freundschaft Raum in seinem Leben zu geben, das erste große Problem: Der Mangel an Zeit. Ich kenne eigentlich niemanden, der nicht unter diesem Mangel leiden würde. So viel zu tun, so viel zu erledigen, der Beruf, der Alltag, die Familie, dringende Verpflichtungen …

Der Roman, der die Folgen dieses Zeitmangels und der ständigen Hektik für Freundschaften ein für alle Mal und für alle Altersstufen in eindrucksvollen Szenen beschreibt, ist „Momo" von Michael Ende. Immer wenn ich meinen Kindern daraus vorlese, fasziniert mich, wie genau der Autor die Folgen des Zeitmangels für Beziehungen und hier insbesondere für Freundschaften beschrieben hat. Als die grauen Herren Einzug in die Welt der kleinen Protagonistin Momo und ihrer Freunde halten, locken sie als Erstes mit „Zeitsparangeboten": Beeilen sollen sich die Menschen mit ihrer Arbeit, um Zeit zu sparen; Zeit für Beziehungspflege wird kurzerhand unter „verschwendete Zeit" gereiht und gestrichen; Freundschaft und Liebe verschwinden damit zunächst unmerklich aus dem Programm der Menschen. Um Momo und ihre besten Freunde Beppo Straßenkehrer und dem Geschichtenerzähler Gigi wird es einsam. Anders als der Kreis von Kindern und Erwachsenen, der sich um Momo geschart hat, sind die drei allerdings nicht gewillt, ihre Freundschaft dem Diktat der grauen Herren zu opfern. Am Ende ist es allerdings ganz allein das seltsame Zaubergeschöpf Momo, das sich – nur mit Hilfe des Zeithüters „Meister Hora" und seiner unbeirrbaren magischen Schildkröte Kassiopeia – aufmacht, die verschwundene Zeit zu suchen und zurückzuholen. Und sie erfährt dabei: Je langsamer man geht, desto schneller kommt man ans Ziel. Momo befreit nach einem lebensgefährlichen Kampf mit den letzten verbliebenen grauen Herren, den Zeitdieben, die in Depots gelagerte Zeit der Menschen. Versehen mit einer „Stundenblume" – der Blume, die nur im Herzen eines Menschen wächst – berührt sie das Tor der Zeitspardepots und lässt durch diese leise Berührung die gefangenen Stundenblumen der Menschen wieder heimwärts fliegen. Was für ein grandioses Bild für den Zusammenhang zwischen Zeit, Freundschaft und Berührtwerden durch einen anderen Menschen! Und welch deutliches Nein zu dem Beziehungskiller Nr. 1 in allen Beziehungen – zum Mangel an Zeit.

Die Botschaft des Romans von Michael Ende war und ist für mich immer sehr klar: Du hast es letztlich selbst in der Hand, deine persönliche Stundenblume zu finden und deine Freundschaften wieder mit Leben zu erfüllen. Niemand ist von dieser Entscheidung entbunden: Lebe ich eine Freundschaft oder lebe ich sie nicht? Bin ich bereit, Zeit und Aufmerksamkeit zu investieren? Falls nicht, dann ist es manchmal vielleicht ehrlicher, zu einem direkt oder indirekt ausgesprochenen neuen Freundschaftsangebot direkt oder indirekt „Nein" zu sagen. Allein diese Entscheidung erfordert aber, wie alle Entscheidungen, persönliche Reflexion, Aufmerksamkeit für sich selbst bzw. Achtsamkeit für andere.

Unter Umständen stellen sich unangenehme Fragen: Kann ich mit jemandem immer noch oder ganz neu befreundet sein? Gefällt mir der/die andere? Hat er/sie mir noch etwas zu sagen? Oder um es mit der schon erwähnten Hannah Arendt zu sagen: Gibt es noch ein Versprechen, das es im Hinblick auf die Zukunft einzulösen gilt? Gibt es im Hinblick auf die Vergangenheit etwas, das zu vergeben wäre, damit es die Beziehung nicht für immer belastet?

Solche Fragen können und müssen nicht immer be*sprochen* werden, manchmal braucht auch ihre Beantwortung viel Zeit. Sie müssen aber irgendwann einmal *bedacht* werden. Gerade in sehr langen Freundschaften kann es Zeiten geben, in denen man einander nicht besonders nahe ist und dennoch will man dem Gegenüber verbunden bleiben. Die Zeiten werden auch wieder anders – so denkt man sich dann. Und häufig stimmt es: Die Freundin aus Jugendtagen, die eine Zeitlang ausschließlich die eigene Karriere im Kopf hatte, die plötzlich ganz andere Kontakte gepflegt hat, kehrt sozusagen wieder zurück und bittet, unausgesprochen oder ausgesprochen, um Verzeihung für die lange Sendepause.

Es kann aber auch anders kommen: Jemand schlägt einen völlig anderen Weg ein, hat plötzlich eine völlig neue Lebenseinstellung. Manchmal ist ein Partnerwechsel ausschlaggebend dafür, dass sich ein vertrauter Freund, eine vertraute Freundin nachhaltig verändert. Dann ist es vielleicht Zeit, sich die Wahrheit einzugestehen und diese Beziehung, auch wenn es schmerzlich ist, zumindest für sich selbst loszulassen, Erwartungen zurückzuschrauben und Energien in etwas anderes zu investieren. Das Gras wächst nicht, indem man daran zieht bzw. auf Englisch: „Don't push the river!"

Um einem möglichen Missverständnis hier gleich vorzubeugen: Freundschaften pflegen bedeutet zwar Zeit haben, bedeutet aber nicht ununterbrochene Nähe oder ständiges Teilen von jedem einzelnen Erlebnis. Im Gegensatz zu einer langjährigen Liebesbeziehung, die den Alltag prägt und manchmal durchaus nicht ausschließlich abenteuerlich ist, sind Freundschaften bei den wenigsten Menschen wirkliche Alltagsbeziehungen. Ich selbst lebe seit vielen Jahren von den meisten meiner Freunde/innen getrennt. Das Leben hat uns buchstäblich überallhin geweht: Vom hohen Norden Deutschlands über Schwaben, Bayern, Franken und Österreich bis hin nach Frankreich und Kanada spannt sich mein persönliches Freundschaftsnetz. Manche Freundschaften sind mittlerweile 30 Jahre alt und wir haben uns manchmal schon überlegt, ob wir eine Art Freundschaftsjubiläum feiern sollen – ähnlich der silbernen Hochzeit bei der Ehe. Ich kenne mittlerweile Menschen, die das sehr bewusst tun. Ich mag die Idee, die dahinter steht: die Würdigung und die Feier einer manchmal lebenslangen Verbindung, die meist viele Stürme überstanden hat. In dieser brüchigen und unübersichtlich gewordenen Zeit sind Treue, Nähe, Vertrauen und Stabilität allemal ein Fest wert. Warum also nicht eine Freundschaftsparty?

Auch wenn ich selbst ein solch ausdrückliches Fest noch nie gefeiert habe, so stelle ich doch fest, dass das Wiedersehen mit alten Freunden/innen eigentlich immer eine Art Fest ist. Es ist etwas Faszinierendes dabei: Da hat man sich manchmal viele Jahre nicht mehr gesehen und braucht oft nur fünf Minuten, um dort anzuschließen, wo man vor langer Zeit aufgehört hat. Meiner Erfahrung nach funktioniert das dort, wo man regelmäßig Kontakt gehalten hat. Moderne Kommunikationsmittel und soziale Netzwerke bieten hier so viele Möglichkeiten wie nie zuvor. Ich nutze fast alle Arten dieser Kommunikationsmittel, habe aber eines festgestellt: Sie setzen bereits eine gewisse Vertrautheit voraus. Wenn man jemand (noch) nicht so gut kennt, kann die verkürzte Form der Kommunikation per SMS oder WhatsApp zu Missverständnissen führen bzw. echte Freundschaften geradezu verhindern. „The medium is the message" ist nicht umsonst eine der grundsätzlichen Erkenntnisse der Kommunikationswissenschaften. Viele Dinge sind angesichts der Knappheit des vorgesehenen Raums nicht erzählbar. So bleibt es manchmal beim Austausch von mehr oder weniger witzigen Bemerkungen über dieses und jenes Event oder beim Zusenden von Selfies – zweifellos eine gute Ablenkung und witzige Einrichtung.

Ein wirklicher Ersatz für *persönliche* Begegnung sind diese Botschaften meiner Erfahrung nach aber nicht. Vermutlich liegt dies nicht nur an knapp bemessenem Raum und Zeit (wer will schon seitenlange E-Mails lesen?), sondern auch an der leiblichen Abwesenheit des anderen. Als Menschen sind wir ohne Leib nicht denkbar, ja die philosophische Anthropologie spricht davon, dass wir unser Leib *sind*. Nur leiblich sind wir anwesend. Und so kommunizieren wir auch als ganze Menschen, d. h. mit unserem Leib. Es sind die Gesten, die einen anderen Menschen vertraut sein lassen: die Art, wie er mit Händen und Füßen redet, die Augenbrauen hochzieht, die Augen rollt oder sich durch die Haare fährt. Manches Missverständnis ist sozusagen digital erklärbar, weil schlichtweg die Gestik oder der Gesichtsausdruck fehlt.

Hin und wieder ist es daher wichtig, das eigene Bild im Kopf, das man sich stets vom anderen macht, durch das reale Bild zu ersetzen oder auch zu korrigieren. Man sieht, dass der/die andere auch nicht jünger wird; dass da plötzlich Falten sind, wo vorher keine waren; dass jemand eine radikal neue Frisur hat, dass jemand gewaltig zu- oder auch abgenommen hat … All diese scheinbar unwichtigen Dinge machen deutlich, dass Leben immer Veränderung und Wandel in Raum und Zeit bedeutet. An unserer leiblichen Präsenz wird das sichtbar. Es ist wichtig, solche Veränderungen beim anderen wahrzunehmen und sie somit mit zu vollziehen. Daher sind meines Erachtens persönliche Begegnungen, auch wenn sie oft noch so selten sind, für die Pflege von Freundschaften nach wie vor unverzichtbar.

Manchmal diskutiere ich mit Freunden/innen darüber, ob unser Leben und unsere Freundschaften durch Facebook, Twitter und Instagram reicher geworden sind? Ich habe hier immer noch keine eindeutige Antwort gefunden. Es ist zweifellos schön, Kontakte zu haben, und es ist zweifellos auch schön, das Gefühl zu haben, „beliebt" zu sein, sprich: möglichst viele „Likes" zu bekommen. Doch sollte man sich nichts vormachen: Wir leben im Zeitalter der Selbstinszenierung und der Selbstrepräsentation. Was Menschen über sich auf Facebook usw. zeigen, ist ihre Hochglanzseite. Was wirklich los ist mit ihnen, erfahren wir dadurch nur sehr selten. Abgesehen von Datenschutzproblemen muss hier auch immer wieder darauf hingewiesen werden, dass soziale Netzwerke schlichtweg Unternehmen sind, die mit dem Bedürfnis nach Beliebtheit bei möglichst vielen Leuten gute Geschäfte machen. Auf der digitalen Werbefläche ist Freundschaft nur der Eye-Catcher für die kommerziellen Interessen der Werbeindustrie. Wenn der Rubel rollt, bedeutet das aber noch nicht, dass die Freundschaft blüht. Die Inszenierung des eigenen Selbst bzw. eine damit manchmal verbundene Distanzlosigkeit in der Öffentlichkeit befremdet mich oft, und über Facebook an der Beziehungskrise eines Paares, gleich welcher Art, unfreiwillig teilnehmen zu müssen, finde ich nach wie vor peinlich. Echte freundschaftliche Beziehungen, die eben auch das Eingeständnis von Verletzlichkeit enthalten, gehören in meinen Augen nur sehr bedingt in eine kommerzialisierte Öffentlichkeit. Auch hier ist also Wachsamkeit und unter Umständen Widerstand gefragt bzw. die Erziehung von Kindern und Jugendlichen zu einem bewussten und kritischen Umgang mit sozialen Netzwerken.

Von Freundschaft und Liebe zwischen Männern und Frauen

Freundschaft – Liebe – Ehe: Einige Bemerkungen zur Problematik der Abgrenzung

Es gibt nur eine Liebe.

(Teresa von Avila)

Es ist schon mehrere Male angesprochen worden: Das bislang vorgestellte Freundschaftsideal in der Tradition von Aristoteles' Tugendfreundschaft ist schwer von der Liebe abzugrenzen. Gelten nicht all die soeben in Kapitel 4 genannten Anforderungen auch für eine Liebesbeziehung, wie sie in einer Ehe oder in einer lebenslangen Partnerschaft gelebt werden sollten? Gibt es dann überhaupt noch Unterschiede zwischen Freundschaft und Liebe und worin bestehen diese genau?

Die zweite Frage der Abgrenzung zwischen Liebe und Freundschaft zu beantworten ist schwierig bis unmöglich. Eine reife und lebenslange Freundschaft mit einem Menschen *ist* in meinen Augen eine Form der Liebesbeziehung und ich würde ohne Zögern sagen, dass ich zumindest meine besten Freunde/innen liebe. Die „Benevolentia", das gegenseitige Wohlwollen, ist sowohl für eine Liebesbeziehung in einer Ehe als auch in einer Freundschaft eine gemeinsame und unabdingbare Grundlage. Ohne sie geht überhaupt nichts. Gegenseitiges Wohlwollen, Sorge füreinander und gegenseitige Unterstützung im Bewusstsein der Verletzlichkeit des anderen, miteinander wachsen und reifen, Differenzen aushalten lernen … all dies ist lebensnotwendig für eine gute lebenslange Beziehung gleich welcher Art. Es gibt in Liebe und Freundschaft aber neben der „Benevolentia" noch andere Größen, nicht zuletzt den Faktor der Erotik und der Sexualität. Ich werde in den nächsten Kapiteln darauf zurückkommen.

Die erste Frage – die Frage nach der Rolle der Freundschaft in einer lebenslangen Ehe oder Partnerschaft – ist einfacher zu beantworten. Papst Franziskus hat in „Amoris Laetitia" (AL), seinem wunderbaren apostolischen Schreiben vom 19. März 2016, festgestellt, dass die eheliche Liebe – „nach der Liebe, die uns mit Gott vereint" – „die größte Freundschaft" sei und dabei Thomas von Aquin bzw. Aristoteles zitiert (AL 123). Interessanterweise macht der Papst in seiner Eigenschaft als guter Familientherapeut allerdings an mehreren Stellen darauf aufmerksam, dass die treue Freundschaft in einer Ehe kein Ausschlussgrund für andere freundschaftliche Beziehungen werden darf. Tatsächlich habe ich oft beobachtet, dass eine lebenslange Partnerschaft durchaus zu einer Falle werden kann, wenn sie nämlich eine Art geschlossenes System für zwei Menschen wird, die sich selbst genug sind: Man hat dann nur noch gemeinsame Freunde/innen, man macht alles gemeinsam, lebt in einer Art Symbiose. Genau in solchen Partnerschaften ist dann über Nacht die Liebe und vor allem die Erotik weg. Letztere lebt nämlich nicht nur vom Ineinander-Aufgehen, sondern auch von der Spannung und der Distanz, die durch den Selbststand der Beteiligten entsteht.

Wenn Liebe und Erotik verloren gegangen sind, trennt man sich und stellt fest, dass man sehr alleine ist. Eigene Freundschaften wurden um einer verkrampften Zweierbeziehung willen nicht mehr gepflegt, individuelle Bedürfnisse zurückgeschraubt, Hobbys nicht mehr ausgeübt. Eheliche Liebesbeziehungen brauchen Freundschaften – Freundschaft miteinander, aber auch die Freundschaft mit anderen Menschen. Sie sorgen für den nötigen Sauerstoff in einer Beziehung.

Ehe ohne Freundschaft funktioniert also nicht. Freundschaft ohne Ehe aber schon. Es gibt daher auch klare Unterschiede zwischen beiden: Eine Ehe bzw. eine eingetragene Partnerschaft ist *erstens* eine Vertragssache, die formell vor den Augen der Öffentlichkeit geschlossen wird und die Übernahme bestimmter Rechte und Pflichten beinhaltet. Freundschaft wird dagegen in vielen Fällen reine und informelle Privatsache bleiben – eine Übereinkunft zwischen zwei Menschen, die einander gerne haben, wobei diese Sympathie häufig nicht einmal direkt ausgesprochen wird. Dass Freundschaft in jüngster Zeit zunehmend rechtlich geregelt und institutionalisiert wird (siehe Kapitel 2), ist eine sehr junge Entwicklung. Interessanterweise wird gerade in Zeiten einer massiven institutionellen Krise der Ehe der Ruf nach Verbindlichkeit in der Freundschaft lauter. Menschen sind offensichtlich auf solide und tragfähige Beziehungen angewiesen – auch in einer Beziehungsform, die traditionellerweise weit weniger verbindlich ist als die Ehe und die permanente Freiwilligkeit der Bindung viel stärker betont.

Zumindest laut katholischer Ehelehre ist *zweitens* die Sexualität als entscheidender Unterschied zu benennen. Gemeinsam erlebte Lust in einer sexuellen Beziehung ist der Ehe vorbehalten. Die Kirche begründet dies seit dem Zweiten Vatikanischen Konzil mit der Liebe zwischen zwei Menschen, die einander Treue für immer versprechen und für die Einhaltung dieses Versprechens einen schützenden Raum brauchen, der nicht durch Dritte gestört wird. Andererseits gilt die Sorge der Kirche immer auch den Kindern, die aus einer Ehe hervorgehen und ebenfalls einen geschützten Raum zum Wachsen brauchen. Die exklusive Zweierbeziehung von Menschen bedarf daher gerade in dem sehr sensiblen Bereich der Sexualität einer Schutzzone. Kaum an einem anderen Ort sind Menschen derart verletzlich wie in ihren sexuellen Beziehungen. Es ist zu hoffen, dass die katholische Kirche nach vielen Jahrhunderten einer sexualfeindlichen Tradition, die momentan in vielen Publikationen endlich Gegenstand der Aufarbeitung ist, die richtigen Worte findet, um ihre grundsätzlich positiven Anliegen wieder besser deutlich zu machen. Die Forderung nach Treue ist nämlich keineswegs veraltet und sinnlos, sondern in der Sehnsucht des Menschen nach stabilen und dauerhaften Beziehungen gut begründbar. Wenn solche Beziehungen funktionieren, dann lassen sie Erwachsenen und Kindern Raum zum eigenen Wachsen und Reifen, sind die Basis eines gesunden Selbstwertgefühls, setzen Energien frei und bilden damit auch die Voraussetzung, gesellschaftliche Verantwortung übernehmen zu können. Diese Feststellung gilt für *alle* reifen Beziehungen, ob katholisch oder nicht.

Derzeit ist in katholischen Kreisen angesichts des bereits erwähnten Schreibens „Amoris Laetitia" eine gewisse Euphorie bezüglich einer neuen und unverkrampften Sexualmoral ausgebrochen, so dass nun anstelle von Verklemmtheit und moralischem Zeigefinger geradezu Lobpreisungen von Eros und Sexualität in der Ehe angesagt sind. Dem ist vielleicht eine gewisse Nüchternheit entgegenzuhalten, denn: So wichtig Erotik und Sex für eine gute Ehe sind, so wenig macht guter Sex allein eine Ehe aus. Freundschaft – so haben mir zumindest schon alte Eheleute erzählt – sei am Ende wichtiger. Idealerweise gibt es in einer Ehe immer wieder beides, Freundschaft *und* Sex!

Ein *dritter* Unterschied klingt im Vergleich dazu ein wenig banal, ist aber durchaus bedeutsam: Freunde/innen gestalten ihren Alltag weit seltener miteinander als Eheleute. Die berühmte Zahnpastatube, die stets an der falschen Stelle ausgedrückt ist und schon erhebliche Ehekräche ausgelöst hat, ist bei Freundschaften nicht das entscheidende Problem. Meist hat man getrennte Wohnorte und muss daher weder das Schnarchen noch den schlechten Mundgeruch des anderen aus nächster Nähe ertragen. Dass man solcher Störungen in Freundschaften enthoben ist, macht diese Beziehungsform oft zu einem echten Highlight im grauen Alltag. Wenn ich meine Freunde/innen selten, aber doch treffe, dann reden wir Stunden miteinander, machen oft Musik, lachen und weinen miteinander und wälzen die verrücktesten Gedanken. Mit einem Wort: Wir feiern ein Fest. Ehelicher Alltag kann dagegen nicht durchgehend ein Fest sein. Die Liebe bzw. die „Benevolentia" muss sich hier auch im grauen Auf und Ab des Lebens bewähren. Was nicht heißt, dass bunte Farbtupfer nicht lebensnotwendig wären … Einander jedoch auszuhalten, und zwar gerade auch dann, wenn wir nicht perfekt gestylt und voll von spritzigen Einfällen sind, ist eine Herausforderung für jede eheliche Beziehung. Wer einmal eine Reise mit dem besten Freund/der besten Freundin gemacht hat, weiß, wie ernüchtert beide Teile nach einer Zeit geteilten Alltags manchmal zurückkommen.

Freundschaft – ein heikles Thema zwischen den Geschlechtern

Ich habe es bereits im Vorwort dieses Buches erwähnt: Freundschaft war lange Zeit ausschließlich Männersache. Und so ist es kein Wunder, dass die theologisch oder philosophisch gebildete Frau bei der Lektüre der einschlägigen Texte sehr häufig das Gefühl beschleicht, als „stumme Dienerin" einer Konversation zwischen gebildeten „Salonherren" beizuwohnen: Ein gepflegtes Gespräch über Freundschaft wird da geführt und geistreiche Verweise auf diverse antike Autoren machen in Form von lateinischen Bonmots die Runde. Hier und da stellt einer der Herren sein Cognacglas ab und verweist kurz auf die Rolle der Frau, die zu so etwas Edlem wie Freundschaft nun wirklich nicht fähig sei und sich eben auf die Rolle beschränken sollte, die ihr immer schon zugekommen ist: Kinderkriegen, Familienerhalt, Sorge für die Nahestehenden. Und jetzt „soll sie bitte rasch nachschenken und uns dann wieder alleine lassen!"

Unter Umständen – wenn die Unterhaltung unter gebildeten Männern etwas deftiger ausfällt – ergötzt man sich an

Ariost-Zitaten über das Verhältnis zwischen Männern und Frauen, das dem Verhältnis zwischen Jäger und Hasen gleiche: „Wie der Weidmann dem Hasen nachsetzt, in Frost, in Hitze, durchs Tal und über Berge; und hat er ihn erhascht, nicht mehr sein achtet, nur bloß den, der ihn flieht, verfolgt." Wer hier Weidmann und wer Hase ist, muss nicht genauer ausgeführt werden. Mit einem Wort: In einer solchen Unterhaltung sind Frauen von vornherein ausgeschlossen. Das ist laut einem der Klassiker der Freundschaftsliteratur, dem Essay von Michel de Montaigne (1533–1592) „Über die Freundschaft", aus dem das Ariost-Zitat stammt, auch nicht weiter beklagenswert, denn zu einer innigen freundschaftlichen Bindung, wie sie unter Männern üblich ist, sind Frauen gar nicht fähig: „Hierzu kommt dann noch, daß, die Wahrheit zu sagen, das schöne Geschlecht gewöhnlicherweise nicht hinlänglichen Stoff zur Unterhaltung besitzt, um dem Bedürfnis der Ideenmitteilung im täglichen Umgang, der Stärkung dieses heiligen Bandes, zu entsprechen; dabei scheinen ihre Seelen nicht fest genug zu sein, um den Druck eines so scharf geschürzten und dauerhaften Knotens auszuhalten."

Dass Freundschaft bis zur Epoche der Aufklärung, die mit dem 17. Jahrhundert beginnt und unser Denken bis heute nachhaltig beeinflusst – genauer gesagt: bis zur Romantik (1798–1835) – eine Beziehung zwischen Männern ist, liegt nicht nur an der angeblichen „seelischen Schwäche der Frau", wie Montaigne sie skizziert hat. Sie liegt auch daran, dass Freundschaft neben ihrer affektiven Komponente immer eine politische Funktion hatte. Anders als heute galt Freundschaft spätestens seit Aristoteles als Kitt der gesellschaftlichen Ordnung im antiken Stadtstaat und war daher politisch von großer Bedeutung. Mit den richtigen Freunden war buchstäblich „Staat zu machen". Freundschaft galt als öffentliche Angelegenheit. In der Öffentlichkeit aber hatten Frauen nichts zu sagen. Allein Männer regelten das öffentlich-politische Leben und benutzten dazu ihre freundschaftlichen Verbindungen zu anderen Männern.

Dass Männer und Frauen miteinander befreundet waren, kam im Rahmen der Ehe vermutlich durchaus vor, war aber nicht verlangt. Nicht einmal Liebe war verlangt und schon gar keine leidenschaftlichen Gefühle! Ehe galt in erster Linie als Institution, die Haus und Hof bzw. die Nachkommenschaft sichern sollte. Für den Ehemann war es daher seit antiken Zeiten auch üblich, dass er Leidenschaft und Begehren außerhalb der Ehe auslebte. Für die Ehefrau hatte die Gesellschaft bis hinein ins 20. Jahrhundert diese Möglichkeit nicht vorgesehen, ja die ideale Ehefrau hatte solche „Triebe" einfach nicht zu haben.

Erst ab dem 18. Jahrhundert begann sich die von Männern gemachte und getragene Ordnung in Staat und Kirche langsam zu verändern. Traditionelle Geschlechterrollen wurden hinterfragt, Leidenschaften durften und sollten zumindest nach romantischem Ideal sogar ausgelebt werden. Mit der sich langsam Bahn brechenden Forderung nach einem gleichberechtigten Umgang zwischen Männern und Frauen änderte sich nicht nur der Anspruch an die Institution Ehe, die nun ein Liebesbund zwischen zwei Menschen sein sollte, sondern auch die Vorstellung von dem, was Freundschaft sei. Vor allem in den Berliner Salons der bürgerlichen Welt brach geradezu ein Freundschaftskult aus:

Erstmalig begegneten sich in dieser kleinen geschützten Öffentlichkeit Männer und Frauen auch jenseits der Institution Ehe und versuchten zum ersten Mal in der Geschichte einen gleichberechtigten Umgang miteinander. Philosophen wie Friedrich Schleiermacher, der in seiner Schrift „Idee zu einem Katechismus der Vernunft für edle Frauen" (1798) das romantische Freundschaftsverständnis maßgeblich mit entwickelte, ging dabei selbstverständlich und ganz im Gegensatz zu Montaigne von einer Freundschaftsfähigkeit von Frauen aus. Auf Augenhöhe sollten Männer und Frauen einander in Zukunft begegnen und einander zeigen, wer sie wirklich waren und was sie in ihrem Innersten wirklich erlebten – jenseits konventioneller Vorschriften und Erwartungen. Zum ersten Mal in der Geschichte tauchte damit die Ahnung der Möglichkeit von Freundschaft zwischen Männern und Frauen auf – mit all den Abgrenzungsproblemen zwischen Freundschaft und Liebe bzw. Erotik, die vorher bereits angedeutet wurden. Freundschaftliche Beziehungen zwischen Männern und Frauen haben das Potential, Ehen zu sprengen und einiges durcheinanderzubringen. Nicht umsonst formulierte Schleiermacher das erste Gebot für Frauen als Freundinnen: „Du sollst keinen Geliebten haben neben ihm: aber du sollst Freundin sein können, ohne in das Kolorit der Liebe zu spielen oder zu kokettieren oder anzubeten."

Die neuen Beziehungskonstellationen zwischen den Geschlechtern waren ungewohnt und mitunter anstrengend. Hier und da verliefen sie tragisch wie in der Dreiecksbeziehung zwischen der Dichterin Karoline von Günderrode, ihrem Geliebten Friedrich Creuzer und seiner Ehefrau, die mit dem Suizid Karoline von Günderrodes endete. Als viel weniger kompliziert und sehr erfüllend stellte sich dagegen die Freundschaft mit den Angehörigen desselben Geschlechts heraus. Damit schlug nun – ebenfalls zum ersten Mal in der Geschichte – die Geburtsstunde der Freundschaft zwischen Frauen.[7]

Frauenfreundschaften

Seit der Zeit der Romantik gilt Freundschaft als *die* Institution, in der Frauen im Gespräch gemeinsam ihr Leben thematisieren können: Wer bin ich? Wie war/ist mein Leben? Welche Geschichte habe ich dir von mir zu erzählen? Wie bin ich die geworden, die ich heute bin? Wo, wenn nicht in der Freundschaft, können Frauen Freude und Leid miteinander teilen? Die Romantik mit ihrem neuen Verständnis der Beziehungen zwischen den Geschlechtern und ihrer Betonung des Gefühls schuf gemeinsam mit dem Bildungsideal der Aufklärung die Grundlage für die Entdeckung der Freundschaft unter Frauen. Wer nämlich nicht ausschließlich im trauten Heim Kinder und Mann behüten muss, sondern sich ab und zu in einem Salon mit anderen

---

7 Mir ist bewusst, dass die folgenden drei Kapitel manche Aussagen über *die* Männer und *die* Frauen enthalten und damit so manches Geschlechterstereotyp transportieren mögen, das eigentlich zu überwinden wäre. Soziologische Analysen legen beispielsweise nahe, dass die Zugehörigkeit zu einem Geschlecht möglicherweise weniger bedeutsam ist als die Zugehörigkeit zu einem Milieu. Die Alltagserfahrung zeigt jedoch, dass Mannsein und Frausein nach wie vor ein wichtiges Thema sind, weshalb ich es mir erlaube, weiterhin von „Männern" und „Frauen" zu sprechen.

z. B. über Literatur und das politische Weltgeschehen austauschen darf, der ist nicht mehr ausschließlich auf „IHN"
fixiert, sondern wird frei für andere Beziehungen.

Die sogenannte „Herzensfreundin" wurde geradezu ein
Topos der Literatur und existiert bis heute in vielen Frauen-
leben. Bei ihr konnten und können Frauen damals wie heute ihre Gefühle zur Sprache bringen, ihr Herz ausschütten.
Schriftliche Korrespondenzen zwischen berühmten Frauen
der damaligen Zeit, unter ihnen die Berliner Salondamen
Rahel Varnhagen und Pauline Wiesel, belegen eindrucksvoll die Existenz eines miteinander geteilten Lebens mit all
seinen Facetten, vor allem den emotionalen. Die eine sah
sich dabei als Spiegel der anderen, jede fand in der anderen
Anteile, die sie an sich selbst kannte. Frauen gestanden einander, was sie ihren Ehemännern oft nicht zu sagen wagten,
lebten ihre Gefühle frei und intensiv aus und artikulierten
sie in literarisch oft höchst anspruchsvoller Form.

Bis heute gilt Freundschaft zwischen Frauen als ideal für
Freundschaft generell, ja landläufig gelten Frauenfreundschaften der Freundschaft zwischen Männern überlegen.
Freundschaften zwischen Frauen sind zumindest in einem
bestimmten sozialen Milieu, nämlich dem akademischen
Milieu der Mittelschicht, sogenannte „Face-to-Face"-Be-
ziehungen: Einander zugewandt, stark emotional, die Nähe
der anderen suchend. Das gemeinsame Geschlecht schafft
dabei im Alltag oft ganz unhinterfragt eine gemeinsame
Basis. „Das kann ich nur einer Frau erzählen!" oder „Das
versteht nur eine Frau!"

Wie gesagt: In der Realität ist es möglicherweise weniger
das Geschlecht als das gemeinsame soziale Milieu, das für

die hier formulierte Erfahrung von Gemeinsamkeit und Wesensverwandtschaft ausschlaggebend ist. Außerdem kann die Formulierung „Das versteht nur eine Frau!" eine gewisse Falle in sich bergen: Bis heute gelten Frauen grundsätzlich als Spezialistinnen fürs Emotionale. Dementsprechend wird sachlich-distanziertes Verhalten häufig als untypisch und unweiblich gedeutet. Das schafft oft Probleme in einer Arbeitswelt, in der im Allgemeinen die Konzentration auf eine gemeinsame Sache im Vordergrund steht. Wer kennt nicht die berühmten „Zickenkriege" unter weiblichen Belegschaften oder den Vorbehalt gerade von Frauen gegenüber einer weiblichen Chefin, die angeblich agiert „wie ein Mann – kalt, gefühl- und herzlos, eben rein sachlich"? Gegenseitige Anerkennung, die beinhalten müsste, dass auch einer Frau Ringen um Objektivität und Nüchternheit zugestanden wird und auf Etikettierungen wie „unweiblich", „hart und kalt", „karrieregeil" usw. verzichtet, ist unter Frauen bis heute oft ein Problem.

Ebenso schwierig ist nach wie vor der Verzicht darauf, alle Frauen in der Öffentlichkeit kraft Zugehörigkeit zu ihrem Geschlecht über einen Kamm scheren zu wollen. Wie oft höre ich bis heute bei Einladungen zu Vorträgen: „Wir brauchen eine Frau, die die Interessen der Frauen vertritt!" Wenn ich dann darauf hinweise, dass ich niemals imstande sein werde, *die* Interess*en* der Frau*en* zu vertreten, ernte ich meist hilfloses Schulterzucken: „Ja ja, Sie haben recht, aber wir haben halt nur Sie auf dem Podium!"

Solange Frau*en* im Plural mit ihren ganz unterschiedlichen Standpunkten in der Öffentlichkeit nicht gehört oder wahrgenommen werden (insbesondere dann, wenn sie vom

Mainstream abweichende Standpunkte vertreten), werden Geschlechterstereotype in Gesellschaft und Kirche Alltag bleiben. Das Bild von *der* Frau, die mit der anderen nicht zusammenarbeiten kann, ständig intrigiert und angeblich typisch weibliche Ränke schmiedet, müsste im Prinzip als überkommenes Geschlechterstereotyp längst ad acta gelegt werden. Tatsächlich ist es im Alltag noch immer sehr präsent und wirkmächtig.

Das ist insofern besonders gravierend, als auch die Selbstverständlichkeit der „feministischen Schwesternschaft", wie sie im Zuge der beiden Frauenbewegungen der Neuzeit herrschte, nicht mehr existiert. „Schwesternschaft" war das Signalwort für Frauen im Kampf gegen die geteilte Erfahrung der Unterdrückung durch eine patriarchale Ordnung. „Schwesternschaft" war auch der Grund des karitativen Engagements der weißen bürgerlichen Mittelschichtsfrau für die in ihren Augen verwahrloste weiße bürgerliche Unterschichtsfrau. À la longue und angesichts der globalen Probleme reicht es allerdings schon lange nicht mehr aus, „*nicht* männlich" zu sein. Feministische Allianzen haben sich aufgelöst oder spielen gesamtgesellschaftlich keine Rolle mehr, ja Feminismus ist für junge Frauen mittlerweile geradezu ein Schimpfwort.

Eines ist richtig: Nur weil die andere Frau biologisch auch eine Frau ist, muss sie mit mir noch nicht wesens- oder gar seelenverwandt sein. Frauen müssen also auch für sich selbst lernen, dass eine Berufung auf das gemeinsame Geschlecht oft an der Realität erheblicher Differenzen in vielen anderen Bereichen (Schicht, Alter, Kultur) untereinander vorbeigeht. Diese Tatsache ist allerdings noch lange kein Grund, „die Andere" in erster Linie als Konkurrentin zu bekämpfen, wo es nur möglich ist.

Solche Kämpfe haben eine lange Tradition: Schon die Bibel erwähnt mehrfach Frauenstreitigkeiten im Sinne von Rangordnungskämpfen, am eindrucksvollsten vielleicht in Gen 16,1–6, dem Streit zwischen Sara, der Frau Abrahams, und ihrer Magd Hagar. Hier geht es um eine Art Gebärkonkurrenz, denn eine kinderlose Frau musste stets um ihr soziales Ansehen, ja um ihre Versorgung bangen und daher möglichst schnell und vor den anderen einen Sohn zur Welt bringen. Allerdings gibt es in der Bibel neben solchen Streitstellen sehr wohl auch Berichte von Freundschaft, am schönsten im Buch Rut, dessen Name bereits „Freundin" bzw. „Nachbarin" bedeutet: Ausgerechnet die Protagonistin Rut – eigentlich das Gegenteil einer Freundin, nämlich eine Fremde – verbindet mit ihrer Schwiegermutter Noomi eine so herzliche Freundschaft, dass sie nach dem Tod ihres Mannes Noomi nicht verlässt, sondern ihr nach Juda folgt. Dort sorgen die Frauen füreinander und bleiben einander für immer verbunden.

Auch wenn es heute nicht mehr unbedingt ums Kinderkriegen und damit nicht zuletzt auch um die Gunst des Chefs geht, scheint mir das Sara-Hagar-Modell im beruflichen Alltag leider immer noch durchaus verbreitet zu sein, ja es wird manchmal mit einer gewissen Genugtuung von Frauen selbst zelebriert: „Um Gottes willen, nur keine Frau als Chefin! Die sind schlimmer als alle Männer zusammen!", lautete vor einiger Zeit die inoffizielle Begründung auf eine Bewerbung meinerseits. Männer lachen über dieses Verhalten und stricken eifrig weiter am Muster der angeblichen „Stutenbissigkeit" … Das hilft nicht weiter.

Die Fähigkeit zur Kooperation mit anderen Frauen scheint mir immer noch stark bildungsabhängig zu sein. Ich lebe diesbezüglich in einem privilegierten Umfeld, nämlich an der Universität. Hier habe ich nicht zuletzt durch das sogenannte Differenzdenken der italienischen Philosophinnen-Gemeinschaften Diotima in Verona und den Frauen des Mailänder Buchladens bzw. von der französischen Philosophin Luce Irigaray gelernt, dass der Schlüssel einer erfolgreichen Zusammenarbeit zwischen Frauen in der gegenseitigen Anerkennung von Differenz liegt. Wenn wir in der ESWTR (European Society for Women in Theological Research) Kongresse vorbereiten, dann ist die eine die perfekte und penible Organisatorin, die andere eher die Frau mit Improvisationstalent. Die eine ist mehr als introvertiert, die andere kommuniziert ausgiebig mit allen. Wenn Frauen sich dieses jeweilige Anderssein nicht mehr vorwerfen, sondern im Gegenteil für eine geschickte Aufgabenteilung nutzen, dann habe ich einige Male erfahren, dass sie im Team ziemlich unschlagbar sein können. Ihre Kooperation ist dann auch nicht mehr nur rein privater und emotionaler Art, sondern erreicht ganz selbstverständlich politisch-öffentliche Wirksamkeit. Nach wie vor ist also Bildung ein Schlüssel zur Möglichkeit von Freundschaft zwischen Frauen. Sie ermöglicht neben dem Gespür füreinander die Anerkennung von Differenz und die Konzentration auf die Sache. In Handbüchern für Teambildung mag das als selbstverständliches „Business as usual" erscheinen. Im Alltag des beruflichen Miteinanders von Frauen ist gelungene Kooperation noch immer etwas, auf das Frauen angesichts der ungünstigen Ausgangsbedingungen in einer Männerwelt mit ihren patriarchalen Traditionen zu Recht stolz sein dürfen.

Bislang war hier stets von sogenannten „platonischen" Freundschaften die Rede, also von Freundschaften, die eine sexuelle Beziehung ausschließen. In einer überwiegend heterosexuell orientierten Gesellschaft sind lesbisch lebende Frauen eine kleine Minderheit, doch sollen sie an dieser Stelle nicht – wie so oft – einfach verschwiegen werden. Die Geschichte lesbischer Liebe ist tabuisiert und durchaus noch nicht hinreichend erforscht. Das liegt nicht zuletzt an der Tatsache, dass Frauen bzw. ihre Sexualität unter dem Einfluss patriarchaler Philosophie und Theologie über Jahrtausende hinweg als Inkarnation des Teufels und der Sünde galten. Dementsprechend mussten Frauen bis vor kurzer Zeit (und in anderen Religionen und Kulturen bis heute), erotisch-sexuelles Begehren unterdrücken und verneinen. Häufig waren sie damit fast erfolgreich: Vor allem im viktorianischen Zeitalter des 19. Jahrhunderts scheint sich zumindest die ehrbare bürgerliche Frau als grundsätzlich frei von Begehren betrachtet zu haben, sogar gegenüber dem eigenen Ehemann – ganz zu schweigen von anderen Frauen. Sie schuf mit den Kindern daheim einen Rückzugsort, an dem sich der müde Krieger vom feindlichen Leben ausruhen konnte. Kraft ihrer „Reinheit" bemühte sie sich, als guter häuslicher Engel auch ihren Ehemann von seiner sexuellen Triebhaftigkeit zu erlösen. Gegen gelegentliche unkontrollierte Ausbrüche in Form von Hysterie half zumindest ab Sigmund Freud und Wilhelm Reich die Medizin. Die andere Sorte Frau, die wilde, ungezähmte und verschlingende aus den Phantasien und Wunschprojektionen der Männer, hatte in der Ordnung einer bürgerlichen Welt keinen Platz und fristete ihr in der Realität oft tristes Dasein in den ärmlichen Hinterhofwohnungen der Vorstädte. Das, was an ihr realistisch war, war maximal Gegenstand karitativer Bemühungen seitens der bürgerlichen Frauen für die „gefallene Schwester".

Eine sexuelle Komponente in freundschaftlichen Beziehungen, ja erotisches Begehren zwischen Frauen war unter diesen Vorzeichen schlichtweg unvorstellbar, wobei Ausnahmen natürlich die Regel bestätigen und für gesellschaftliche Skandale sorgten. Helene von Druskowitz (1856–1918) – die erste österreichische Frau, die in der Schweiz zur Philosophin promoviert wurde – lebte ihre Liebe zu ihrer Freundin, Therese Malten, sehr offen aus, bezahlte dafür aber den hohen Preis der stigmatisierten Außenseiterin.

Erst im Zuge der 1968er-Revolution ändert sich das Bild langsam. Frauen riskieren es, Liebe und Freundschaft zu anderen Frauen nicht mehr nur ausschließlich in engen emotionalen Beziehungen auszuleben, sondern offen sogar ein Recht auf eine sexuelle Beziehung mit einer anderen Frau zu proklamieren – in kurzfristigen Verbindungen oder in lebenslangen Partnerschaften. Zwar sind die rechtlichen Rahmenbedingungen in Europa heute in vielen Ländern für lesbische Beziehungen vorhanden, doch fällt einer überwiegend heterosexuellen Gesellschaft die soziale Akzeptanz dieser Beziehungen immer noch schwer. Die Fähigkeit, Differenz und Diversität anzuerkennen, ist nach wie vor eine Herausforderung – für alle großen Religionen, aber auch für eine säkulare Gesellschaft.

Männerfreundschaften

Ähnliches gilt für gleichgeschlechtliche Freundschaften unter Männern, ja es gibt hier oft noch viel ausgeprägtere Vorurteile. Während Frauen in ihren Freundschaften manchmal ein gewisser Spielraum bei sexuellen Handlungen zugestanden wird, der sich gegebenenfalls traditionellerweise mit einer starken weiblichen Emotionalität entschuldigen lässt, sind Männer in freundschaftlichen Beziehungen zu anderen Männern sehr schnell dem Verdacht ausgesetzt, es handle sich um eine schwule Beziehung. Männer, die einander Zuneigung und Zärtlichkeit offen zeigen, sind zumindest in der westlichen Welt ungewohnt. „Sie müssen schwul sein", so heißt es dann sehr bald. Unter Generalverdacht stehen nicht nur real existierende Männer, sondern auch beispielsweise berühmte Freundschaftspaare aus der Bibel wie König David und Jonatan. Beide bekunden einander offen ihre Zuneigung, die größer ist als Jonatans Loyalität zu seinem Vater, dem König Saul, der David mit gnadenlosem Hass verfolgt. Der Tausch der Kleidung bzw. der Waffen und Küsse besiegeln einen Freundschaftsbund, der die Nachkommenschaft beider Freunde miteinschließt und bis zum Tode Jonatans hält. Als Jonatan in einer Schlacht stirbt, ist Davids Schmerz groß: „Du warst mir so lieb. Wundersamer war mir deine Liebe als Frauenliebe" (2 Sam 1,26).

Solche Sätze bzw. die genannten Gesten und die Berührungen – in anderen Kulturen wie beispielsweise in südlichen oder in arabischen Ländern gang und gäbe – haben dazu geführt, dass Generationen von Theologen und Theologinnen darüber nachgedacht haben, ob den König von

Israel mit seinem besten Freund Jonatan mehr verbunden hat als „nur eine Freundschaft". Abgesehen davon, dass David auf dem Gebiet der Frauenliebe Bescheid wissen musste – er war zumindest in der Darstellung seiner Geschichtsschreiber ein ausgeprägter „Frauenheld" –, finden sich jedoch nirgendwo Hinweise auf eine homosexuelle Beziehung zwischen beiden.

Homosexualität galt seit vorbiblischen Zeiten als sozusagen fleischgewordener Angriff auf die Hoffnung der Menschheit auf Zukunft. In vielen Ländern dieser Welt werden schwule Männer nach wie vor – leider oft mit ausdrücklicher Billigung der Vertreter von Religionen – brutal verfolgt oder zumindest erheblich diskriminiert. Das liegt u. a. daran, dass religiöse Traditionen den Fortbestand der Sippe durch homosexuelle Beziehungen gefährdet sehen. Außerdem gelten homosexuelle Handlungen beispielsweise in der Welt der Bibel als Machtdemonstration gegenüber dem buchstäblich unterlegenen Mann, haben mit Sexualität also gar nichts zu tun. Dass schwule Männer eine liebevolle und treue Beziehung miteinander leben können und gesellschaftlich in ihrer sexuellen Orientierung akzeptiert (und nicht bestenfalls „pathologisiert") werden, ist geschichtlich gesehen auch in unseren Breitengraden ein absolutes Novum. Christliche Kirchen und alle Religionen tun gut daran, hier selbstkritisch ihre eigene Tradition zu befragen. In der katholischen und evangelischen Theologie ist dieser Selbstreflexionsprozess erst seit kurzem voll in Gang gekommen und nach wie vor voller Tabus.

Aufgrund dieser gesellschaftlichen und häufig religiös verbrämten Marginalisierung und Diskriminierung müssen homosexuelle Männer ihre eigenen Netzwerke und Nischen finden – Orte, wo man genau so sein darf, wie man ist, und dafür nicht schief angeschaut oder gar hingerichtet wird. Vielleicht ist daher auch die hohe Bedeutsamkeit von Freundschaft für homosexuelle Männer und Frauen erklärbar, sei sie nun rein platonisch oder verbunden mit einer sexuellen Beziehung. Manchmal müssen homosexuelle Männer und Frauen jenseits ihrer Herkunftsfamilie leben, weil sie dort nicht akzeptiert sind. Dies führt oft zu einer starken Betonung und bewussten Pflege freundschaftlicher Bindungen, die sich durch starke Fürsorge füreinander auszeichnen und die Carolin Emcke in ihrem Buch „Wie wir begehren" eindrucksvoll beschrieben hat. Sie begründen neue Formen familiären Zusammenlebens. Ich selbst muss angesichts mancher Urlaubsfotos schmunzeln, die ich schon aus schwulen Männerhaushalten erhalten habe: Da stehen zwei Papas neben dem übrigens durchaus an Mädchen sehr interessierten Pflegesohn. Daneben winken viele Freunde, die auch mit von der Partie sind, und wünschen „Schönen Urlaub"!

Um nun nicht vom diskriminierenden Extrem in eine Idealisierung schwuler Verbindungen zu verfallen, sei festgestellt: Gegenseitiges Wohlwollen in Form von Unterstützung, Verbindlichkeit und Treue wird in homosexuellen Beziehungen genauso gut und schlecht gelebt wie in heterosexuellen. Ganz persönlich habe ich allerdings festgestellt, dass manch homosexuelle Partnerschaft traditionellen heterosexuellen Arrangements an Sensibilität und Bemühen um den Partner sogar überlegen ist. Ein Grund mag darin bestehen, dass schwule und lesbische Männer und Frauen klassische Geschlechterstereotype von „typisch männlich" und „typisch weiblich" reflektieren und sich mit ihnen auseinandersetzen müssen, während die zur Mehrheit gehörenden Heteros das nach wie vor oft versäumen.

Männerfreundschaft ist selbstverständlich nicht nur Thema bei homosexuell empfindenden Menschen, sondern auch bei heterosexuellen. In den verschiedenen sozialen Milieus wird sie – wie Frauenfreundschaften auch – sehr unterschiedlich gelebt. Während laut soziologischen Studien Angehörige der Arbeiterschicht eher „gemeinsam auf ein Bier gehen", legen Männer der Mittelschicht den Schwerpunkt tendenziell mehr auf gemeinsame Aktivitäten. Mit dem besten Kumpel geht man angeln, bergsteigen, zelten, teilt gemeinsame Vorlieben und Interessen. Im Gegensatz zu „Face-to-Face"-Beziehungen von Frauen spricht man von Männern daher eher von „Side-by-Side"-Beziehungen.

Allerdings ist auch hier ein Wandel im Gange, denn Männer dürfen heute – ähnlich wie David und Jonatan in biblischen Zeiten – auch in Freundschaften deutlich mehr Gefühl zeigen als früher. „Bromance" ist das Schlagwort vor allem unter Sportsfreunden. Die Mischung aus „Brother" und „Romance" entstand in der amerikanischen Skateboard-Szene der 1990er Jahre und signalisiert die außergewöhnlich emotionale – aber ausdrücklich *nichtsexuelle* Beziehung – zwischen zwei Männern. Hier wird auf nicht ganz ernst gemeinte Weise emotionale Intimität geradezu zelebriert, was das Versprechen beinhaltet, sich von nichts aus der Welt, schon gar nicht von einer Frau, auseinanderbringen zu lassen. „Brocode" nennt man dieses Versprechen, Code zwischen Brüdern. Mit dem Film „How I met your mother" ist der Brocode bekannt geworden. Ganze Blogs widmen sich dem Verhaltenscodex von Männern, die durch den Brocode die Exklusivität ihrer Freundschaft sichern wollen.

Man kann darüber spekulieren, ob die „Face-to-Face"-Beziehungen von Frauen hier eine Art Vorbild sind. Jedenfalls steht bei der Bromance nicht in erster Linie im Vordergrund, was immer typisch für Männerfreundschaften war, nämlich die Vermischung zwischen emotionaler Zuneigung und handfesten öffentlich-politischen Interessen. Nach wie vor machen Männer beim Golfen Politik und handeln beim Tennis eine gemeinsame Strategie für die nächste Vorstandssitzung aus. Angeblich rein private Freundschaftsbeziehungen bei der Stammtischrunde erschließen öffentliche Welten und werden gezielt genutzt, Kontakte „zum anderen Lager" aufzubauen.

Die berühmte „Freunderlwirtschaft" in Männerbünden steht nicht umsonst und zu Recht unter Generalverdacht. Hier wird vertuscht, hingebogen, verdrängt und dafür gesorgt, dass nur ja nichts nach außen dringt. Über viele Generationen haben Männer auf diese Art und Weise Staaten und Kirchen regiert und Systeme aufrechterhalten. Manches wurde schlau eingefädelt und diente unbestritten dem Wohle aller. Viel Unrecht aber – beispielsweise sexuelle Gewalt – wurde dadurch vertuscht und verdrängt. Nicht nur Frauen, sondern all diejenigen, die *nicht* zum „Freundeskreis der Erwählten" gehören, entwickeln meist ein deutliches Gespür und eine sehr schnelle Abneigung gegen die ständige Vermischung von öffentlichen und privaten Interessen, die meist auf Kosten rangniedriger Außenstehender gehen. Wer hätte wirklich eine Chance gegenüber solch gepflegten „alten Seilschaften"?

Freunderlwirtschaft geht aber nicht nur zu Lasten von Frauen, sondern auch deutlich zu Lasten der betroffenen Männer selbst. „Verratene Freundschaft" ist ein großes Thema in der Literatur aller Jahrhunderte – siehe Martin Walsers Roman „Ein sterbender Mann", dessen Protagonist am Verrat seines Freundes zerbricht. Wo ausschließlich der Nutzen der Freundschaft mit einem anderen Mann im Vordergrund steht, geht dies auf Kosten der Sehnsucht nach Beziehung und ehrlicher Zuneigung, die Männer genauso auszeichnet wie Frauen. Wer will schon dauernd einfach nur „benutzt" werden?

Selten hört man, dass ein Mann über Einsamkeit klagt, doch die Suizidstatistik spricht Bände. Die Häufigkeit von Suiziden ist nicht nur bei alten Männern in den letzten Jahrzehnten extrem angestiegen, sondern auch in den Chefetagen. Wo sich ein Mann mehr oder weniger zu Tode arbeitet – und der attraktive „Hochleistungsmann" ist ein Idol unserer Zeit –, bleibt für Freundschaften um der Freundschaft willen kein Ort mehr. Wut, Enttäuschung, Aggression, aber vor allem die Sehnsucht nach Nähe und Wärme müssen dann verleugnet und verdrängt werden. Exzessive Arbeit bis zum Zusammenbruch eignet sich trefflich dafür.

Im Gegensatz zum meist alleinlebenden Topmanager kommt Mann in traditionellen Arrangements, in der Ehe, besser mit emotionalen Defiziten klar: Ehefrauen sorgen für den emotionalen Ausgleich. Sie zaubern durch ein gutes Abendessen zufrieden lächelnde Kindergesichter im Schlaf, wenn „der Chef" nach seinem 14-Stunden-Tag abends entzückt noch in die Bettchen schaut, um am nächsten Morgen bereits um 6 Uhr das Haus zu verlassen. Sie sorgen dafür, dass die Wochenenden für freundschaftliche Kontakte genutzt werden, bei denen die Männer grillen, während die Frauen sich über die Kinder austauschen. Bis heute gilt in diesen Arrangements: ER sorgt für das Einkommen, SIE für das Auskommen.[8] Wenn ER traurig ist, kann ER damit rechnen, dass SIE immer ein offenes Ohr für ihn hat und ihn wieder aufbaut. Frauen fungieren auf diese Art und Weise als eine Art „emotionale Blindenhündin" für ihren Mann, der sich „mit diesem ganzen Gefühlskram nicht so auskennt" und emotional eher in einem infantilen Stadium bleibt. Ein Mann halt. Der Preis für solch emotionale Inkompetenz ist vor allem für Männer hoch: Fällt die Ehefrau durch Scheidung oder Tod aus, treibt der traditionelle Mann emotional alleingelassen und hilflos auf der hohen See der Gefühle umher und sucht dringend einen sicheren Hafen.

Gott sei Dank ändern sich die Zeiten. Vor allem in dem Moment, wo Männer ihre fürsorgliche und zärtliche Seite in der Kindererziehung und -betreuung entdecken, ändert sich das traditionelle Männlichkeitskonzept sehr schnell. Hier ist Raum für offen gezeigte Zuneigung und Liebe, zur bewussten Wahrnehmung eigener emotionaler Bedürfnisse und damit endlich auch für Freundschaft zu anderen Männern, die nicht nur gepflegt werden, weil es politisch nützlich ist, sondern um des anderen und um des eigenen Wohls willen.

---

8 Ich verdanke diese Formulierungen sowie den Ausdruck der emotionalen Blindenhündin einem Vertreter der kritischen Männerforschung, Martin Fischer.

„Harry und Sally" oder Gewagte Beziehung

Gibt es Freundschaft zwischen Männern und Frauen, die heterosexuell orientiert sind? Diese Frage wird seit der Romantik immer wieder gestellt. „Männer und Frauen können keine Freunde sein, der Sex kommt ihnen immer dazwischen." *Der* Film zum Thema, „Harry und Sally", begleitet seine Hauptfiguren in einer Beziehung, die mit einer ausdrücklich platonischen Freundschaft beginnt und vor dem Traualtar endet. Er illustriert damit die vertraute Antwort: Nein, heterosexuell orientierte Männer und Frauen können nicht einfach so miteinander befreundet sein.

Anders fällt die Antwort in diversen Blogs aus, wo das Thema eine Art beliebtes Gesellschaftsspiel ist. Hier berichten vor allem Frauen, aber auch Männer, dass es gegengeschlechtliche Freundschaft geben kann, die ohne sexuelle Beziehung auskommt. Beide Geschlechter profitieren gerade davon, eine/n Ansprechpartner/in „der Gegenseite" zu haben, die aus Frauen- oder Männersicht manches mit anderen Augen sehen lässt. Zwar ist diese Art von Freundschaft immer noch als Sonderform gekennzeichnet, doch dürfte sie weit häufiger sein, als man gemeinhin annimmt.

Ist es denn wirklich möglich, die erotische Kraft des Begehrens zu überlisten und eine rein platonische Freundschaft zwischen Männern und Frauen zu führen? Ist das nicht irgendwie „widernatürlich" und zeugt von sexueller Verklemmtheit? Wahre Liebe ist doch erst dann, wenn Mann und Frau auch ein sexuelles Verhältnis miteinander eingehen? Oder wie der Dichter Klopstock formuliert: „Liebe ist halt immer mehr als Freundschaft." Folgt man dieser Aussage, so ist Freundschaft die kleine und ein bisschen hässliche Schwester der Liebe. Sie kann mit der Liebe nicht konkurrieren, welche als *die* Beziehung zwischen heterosexuell empfindenden Menschen erscheint, die eine lebenslange stabile Partnerschaft begründet und idealerweise von einem Kind gekrönt wird.

In früheren Geschlechterarrangements war scheinbar alles so einfach. Die Sicht der Ehe als Vertrag brachte eine klare Abgrenzung zwischen Liebe und Freundschaft hervor: Liebe, einschließlich Erotik und Sexualität, wird in einer exklusiven Beziehung von Mann und Frau vor den Augen der Öffentlichkeit institutionalisiert, hat eine vertragsrechtliche Dimension und hält idealerweise ein Leben lang. Freundschaft dagegen ist eine gleichgeschlechtliche und bis vor kurzem rein männliche Angelegenheit, kennt kein Begehren, ist informell, nur sehr selten exklusiv und kann jederzeit beendet werden.

„Beste Freunde/innen" bildeten und bilden nach wie vor eine Ausnahme von der Regel. Sie gelten als etwas Besonderes und begleiten einander ein Leben lang. Da sie traditionellerweise aber gleichgeschlechtlich und nicht sexuell orientiert sind, stören sie die Liebe in der Ehe nicht. Im Gegenteil: Ich bin sicher, dass beste Freunde/innen eheliche oder sonstige lebenslange Verbindungen sogar stabilisieren. Wer hat sich nicht schon einmal bei der besten Freundin über den „unsensiblen Ehemann" ausgeweint, um danach froh und zufrieden nach Hause zurückzukehren? Welcher Ehemann hat nicht beim abendlichen Stammtisch die eine oder andere Bemerkung über „hysterische Frauen" gemacht und damit vor allem die eigene gemeint?

Die Dynamik der Postmoderne wirbelt all diese traditionellen Arrangements durcheinander. Freundschaft und Liebe ist heute nicht mehr ohne weiteres unterscheidbar: Soziale Beziehungsformen und ihre Formen der Institutionalisierung sind im Wandel begriffen. Althergebrachte Ordnungen sind gesellschaftlich nicht mehr konsensfähig und bedürfen einer besseren Begründung als dem „Es war immer schon so oder Gott und die Kirche wollen das!" De facto *können* Freundschaften zwischen Männern und Frauen eine sexuelle Beziehung miteinschließen, *müssen* es aber nicht. Für Jugendliche ist diese Tatsache oft eine Herausforderung: Welche Gefühle sind gegenüber dem anderen Geschlecht im Spiel? Rein sexuelle Attraktion oder mehr? Welche Art von Beziehung will man und wie soll man das ausprobieren? Solches Gefühlschaos richten im Normalfall in der Jugendzeit auch nicht nur die Vertreter/innen des anderen Geschlechts an. Auch gleichgeschlechtliche Kontakte sind plötzlich Anlass für die Frage: Ist man lesbisch, weil man mit der besten Freundin erste Zungenküsse ausprobiert hat? Ist man schon schwul, wenn man den besten Freund attraktiv findet? Kein Wunder, dass die Pubertät eine sehr verwirrende Zeit ist.

Doch auch im Erwachsenenalter herrscht oft durchaus emotionaler „Klärungsbedarf", was die Beziehungen zwischen Männern und Frauen betrifft. Die Dominanz der Arbeitswelt zumindest in der westlichen Welt bringt es mit sich, dass man am Tag viele Stunden mit den Angehörigen des anderen Geschlechts verbringt. Der nette Kollege/ die nette Kollegin wächst einem ans Herz und aus einer kollegialen Beziehung können sich langsam, aber sicher

Gefühle entwickeln, die nicht mehr allein ausschließlich auf die gemeinsame Sache der Arbeit beschränkt sind. Hier gerät der/die andere in den Blick. Wie tickt er/sie? Was ist er/sie für ein Mensch? Ist er oder sie jemand, der mir mehr zu sagen hätte? Finde ich ihn/sie anziehend?

Unweigerlich stellt sich bei solch emotionaler Annäherung auch die Frage des Begehrens ein. Man wird kaum Freundschaft mit einem Menschen schließen, den man als völlig unattraktiv empfindet. Ein gewisser erotischer Spannungsfaktor ist daher immer vorhanden. Muss deshalb aber jede Freundschaft zwischen Männern und Frauen immer eine leidenschaftliche Affäre werden und im Bett landen?

Eine pauschale Antwort für alle Fälle gibt es nicht. Das Alter, der soziale Kontext, die Tatsache einer bereits bestehenden glücklichen oder unglücklichen Bindung sowie die Länge der Beziehung spielen eine entscheidende Rolle. Die sexuelle Attraktivität eines WG-Mitbewohners beim gemeinsamen Frühstück morgens um 6 Uhr ist nicht übermäßig groß, die altvertraute Freundin aus der Kindheit auch eher selten. Dennoch beschreiben Männer und Frauen gegengeschlechtliche Freundschaften als eine fortlaufende Gratwanderung: Gehen Gefühle über das übliche Nebeneinander alltäglicher Zusammenarbeit hinaus und hat man sich den „Sonnenblumen-Moment" eingestanden, kommt man in freundschaftlichen Beziehungen zwischen Männern und Frauen kaum um eine Auseinandersetzung mit den eigenen Erwartungen und den Erwartungen des/der anderen herum: Was will ich denn eigentlich vom anderen, was will ich nicht? Was genau bedeutet er/sie mir? Gibt es bereits Bindungen, auf die es Rücksicht zu nehmen gilt? Ist eine Freundschaft ohne sexuelle Beziehung überhaupt möglich oder ist dann zumindest einer/eine stets unglücklich, weil er/sie sich neben der emotionalen auch sexuelle Nähe erhofft? Die Beantwortung solcher Fragen ist eine höchst subjektive Angelegenheit und setzt Ehrlichkeit nicht nur mit sich selbst, sondern auch dem/der anderen voraus. Mit Sexualität und Erotik zwischen „Harry und Sally" muss gerechnet werden. Sie zu integrieren kann eine mehr oder weniger schwierige Aufgabe sein und hängt von der Reife der beteiligten Personen ab. Was passt für mich? Was passt für dich?

Aufgrund der Tatsache, dass gemischtgeschlechtliche Freundschaften rein historisch gesehen ein sehr junges Phänomen sind, gibt es hier keine allgemeinen Wegweiser mehr und kaum Vorbilder. Nicht umsonst ist es in vielen Kulturen dieser Erde undenkbar, dass Männer und Frauen miteinander „nur befreundet" sein können. Meiner Erfahrung nach geht man/frau aber oft vor lauter Angst vor allzu viel Nähe schnell auf Distanz – insbesondere, wenn der/die andere gebunden ist. Die kleine und angeblich ein bisschen hässliche Schwester Freundschaft erscheint dann als gefährliche Anarchistin, welche die Exklusivität ehelicher oder sonstiger partnerschaftlicher Exklusiv-Beziehungen zu sprengen vermag. Tatsächlich hat Eros in einer Freundschaft zwischen Männern und Frauen – wie übrigens eben auch in schwulen und lesbischen Freundschaften (siehe oben) – manchmal diese Macht. Mit dem Ausleben sexueller Intimität gewinnt die Freundschaft eine *andere* Beziehungsqualität, wobei mit der Betonung der *anderen* Beziehungsqualität weder eine Höher- noch eine Abwertung der Freundschaft verbunden ist.

Manchmal aber verzichten Freunde und Freundinnen ganz freiwillig auf den erotischen Flächenbrand und wärmen sich lieber an einem kleinen Feuer. Letztlich geht es darum, eine Entscheidung zu treffen, wie eine Beziehung gestaltet wird und welche Form sie annehmen soll. Dazu müssen zwei Menschen einen Weg finden, der für beide passt und Ausdruck der Verantwortung für die Umgebung um sie herum ist. *Alle* Entscheidungen haben ihren Preis, an deren Folgen *alle* Beteiligten zu tragen haben – nicht nur Freund und Freundin, sondern auch die Menschen, für die sie möglicherweise bereits Verpflichtungen übernommen haben.

Frauen und Männer, die das Terrain ausdrücklich platonischer Freundschaft betreten, gehen immer „gewagte Beziehungen" ein. Nicht umsonst betrachtet die Umgebung normalerweise argwöhnisch, wer hier mit wem spricht / gerne zusammen arbeitet / essen geht / sich auch abends mal trifft usw. Ausgiebig wird dann kommentiert: „Haben die jetzt oder haben die nicht?" So war es ein gefundenes Fressen für die Weltpresse, darüber spekulieren zu können, ob Papst Johannes Paul II. mit der polnisch-amerikanischen Philosophin Anna-Teresa Tymieniecka vielleicht nicht doch mehr erlebt hat als „nur Freundschaft"? Auch diese enge Beziehung stand also noch posthum unter dem Rechtfertigungsbedarf, den Männer und Frauen in freundschaftlichen Beziehungen praktisch immer erfahren: „Wir sind *nur* Freunde", sagen sie dann und signalisieren dann nach allen Seiten: „Nein, wir haben nichts miteinander." Ich persönlich bedaure die Abwertung von Freundschaft, die mit solchen Erklärungen notwendigerweise einhergeht. Die kleine Schwester Freundschaft verkriecht sich dabei. Sie getraut sich nicht einzugestehen, dass sie letztlich auf der gemeinsamen Grundlage der Benevolenz, des Wohlwollens für den anderen, eng mit der Liebe verwandt ist.

Warum ist dieses Versteckspiel in unserer liberalen Gesellschaft notwendig, in der es doch angeblich kaum mehr Begrenzungen gibt? Vielleicht liegt es unter anderem an der Art, wie wir über das Begehren und über Sexualität sprechen. Hier dominiert nach wie vor die Rede von der Sexualität als Trieb. Dieser Trieb muss unbedingt ausgelebt und in geordnete Bahnen gelenkt werden, weil er sich sonst ungezügelt Bahn bricht und alles mit sich reißt. In einem solchen Denken ist der bewusste Verzicht auf sexuelle Handlungen – wie in der monastischen oder priesterlichen Lebensform zölibatären Lebens, also eine rein platonische Freundschaft – zwischen heterosexuell empfindenden Männern und Frauen praktisch unmöglich. Nach dem Triebmodell *muss* eine Beziehung zwischen Mann und Frau irgendwann im Bett landen, sonst „stimmt was nicht". Wo die Rede vom Trieb, der unbedingt nach Befriedigung verlangt, jedoch abebbt, weitet sich der Raum für die Möglichkeit von Freundschaft im Sinne einer tiefen Verbundenheit, die auch zwischen den Geschlechtern möglich ist – ungeachtet der jeweiligen geschlechtlichen Orientierung, ungeachtet von Alter und sozialer Schicht.

Neben der notwendigen Veränderung des Diskurses über Sexualität ist die *zweite* Voraussetzung für die Möglichkeit von Freundschaft zwischen Männern und Frauen die Arbeit an den traditionellen Geschlechterrollen. Wo Männer in der festgeschriebenen traditionellen Rolle von Männlichkeit „immer nur das eine wollen" und emotional inkompetent sind, brauchen sie dringend eine Frau zur „Triebbefriedigung" und als „emotionale Blindenhündin". Das klassische Pendant ist die Frau, die sich ganz und gar für ihren Mann aufopfert und bei diesem Selbstopfer nicht zuletzt in ökonomische Abhängigkeit gerät. Beziehungen, die unter diesem Stern stehen, sind Abhängigkeitsbeziehungen, keine Freundschaften.

Beide Beziehungsformen – Liebe und Freundschaft – setzen ein gleichberechtigtes und partnerschaftliches Miteinander voraus. Sie gelingen beide nur, wenn die Geschlechter einander in Augenhöhe begegnen können. Wo die Liebe dann beginnt und die Freundschaft aufhört oder umgekehrt, ist letztlich nicht mehr zu beantworten. Ich meine, dass sie irgendwann auch gar nicht mehr beantwortet werden muss.

Zu meiner eigenen Überraschung habe ich auf der Suche nach Vorbildern für gelingende Freundschaften zwischen Männern und Frauen einige Beispiele für solch gewagte Beziehungen gefunden, die sich nicht umsonst in einem Rahmen bewegen, der immer schon die Integration von Sexualität in die eigene Persönlichkeit thematisiert hat: Ich meine die Welt der Klöster und Orden. Am eindrucksvollsten erscheint mir die Freundschaft zwischen Teresa von Avila, Gründerin des Karmeliterordens, mit dem jungen Ordensmann Jerónimo Gracián. Auch Hildegard von Bingen und ihr Schreiber Volmar wären zu nennen, wobei von dieser Beziehung im Gegensatz zur erstgenannten historisch wenig bekannt ist.

Die Beziehung beider Paare funktionierte vermutlich deshalb, weil die beiden oben genannten Voraussetzungen gegeben waren: Mönche und Nonnen standen *erstens* in keiner ehelichen Verbindung zueinander, Fortpflanzung war für sie kein Thema (ein Privileg für die Frauen der damaligen Zeit!). Sie hatten im Rahmen ihres Ordensgelübdes den Verzicht auf sexuelle Beziehungen versprochen. Sie mussten daher entgegen dem traditionellen Triebmodell Wege finden, mit dem eigenen Begehren zurechtzukommen. Ungeachtet der Tatsache, dass der Umgang mit der eigenen Sexualität bei zölibatär Lebenden als zu Recht defizitär, weil historisch belastet, bezeichnet werden darf, und entgegen landläufiger Vorstellungen vom verklemmten Mönch und der frigiden Nonne ist dies in Geschichte und Gegenwart durchaus immer wieder gelungen. Wo viel Schatten ist, da ist auch Licht!

Zweitens war es im Falle beider Freundschaftspaare jeweils eine Frau in einer öffentlichen Funktion, die ihrem Freund als Äbtissin eines Klosters als absolut gleichberechtigtes Gegenüber begegnete. Beide, Hildegard von Bingen und Teresa von Avila, hatten in ihrer Eigenschaft als politisch bedeutsame Personen, als Kloster- bzw. als Ordensgründerin, Ansehen und Einfluss. Sie waren für ihre priesterlichen Freunde selbstbewusste Freundinnen (im Falle Hildegards von Bingen fungierte Volmar beispielsweise als Sekretär).

Gemeinsam – und das ist in meinen Augen die *dritte* Voraussetzung für das Gelingen von gemischtgeschlechtlichen Freundschaften – verfolgten beide Freundschaftspaare jeweils ein großes Projekt: Für Teresa war dies die Reform des

Karmeliterordens, für Hildegard von Bingen ihre prophetische Sendung. Beide brauchten mehr als politische Verbündete. Beide brauchten Freundschaften, um ihren Weg zu gehen.

Zumindest von Teresa von Avila wissen wir, dass ihre Freundschaft – eine Art Seelenverwandtschaft mit dem um Jahrzehnte jüngeren Gracián – immer wieder ein gefährdetes Projekt war. Sie stand unter dem üblichen Verdacht bzw. war sie immer wieder dem Vorwurf ausgesetzt, es handle sich um die Protektion einer immerhin 60 Jahre alten Ordensoberin für einen jungen Mönch, den sie nicht nur zu ihrem geistlichen Begleiter und Beichtvater erkor, sondern auch mit konkreten und völlig unüblichen Handlungsvollmachten über Schwesterngemeinschaften ausstattete, die von diesem jungen Vorgesetzten keineswegs erbaut waren.

Zumindest der in Selbstbeobachtung erfahrenen Teresa waren auch die inhärenten Gefahren ihrer Beziehung bewusst. Souverän, freimütig und mit einer guten Portion Humor gesteht sie Jerónimo ihre liebevollen Empfindungen, ist sich aber auch darüber im Klaren, dass eine solch dezidiert „geistliche Liebe" viel Reife und Klugheit voraussetzt: „Mit der Zeit, mein Pater, werden Sie ein wenig von der Arglosigkeit verlieren, die ich selbst zwar als Heiligkeit erkenne, doch bin ich böser, schlechter Mensch hier ein wenig wie der Teufel, der nicht alle heilig sehen will. Denn ich möchte jeden Anlass vermieden wissen, der Sie ins Gerede bringen könnte. Ich selbst kann es mir aus verschiedenen Gründen zwar leisten, im Umgang mit Ihnen viel Liebe zu zeigen, aber nicht alle Nonnen dürfen das."

Die Hartnäckigkeit, mit der sowohl Teresa als auch Jerónimo an ihrer Beziehung entgegen allen Widerständen fest-
hielten – über Teresas Tod hinaus – und die Zärtlichkeit
ihrer Korrespondenz berührt bis heute. Teresa wartet un-
geduldig auf Jerónimos Briefe und sorgt sich um seine Ge-
sundheit. Er sehnt sich nach Gesprächen mit ihr und nach
ihrem guten Rat. Dass beide einander auch als Mann und
Frau attraktiv finden, belegen zahlreiche Stellen. Gracián
spricht von seiner „schönen Teresa", preist ihren weiblichen
Charme, ihre „anmutigen Züge und ihre Jugendlichkeit".[9]
Teresa gibt „ihrem Pater" liebevolle Decknamen (wie aufgrund des fehlenden Briefgeheimnisses damals in Korrespondenzen üblich). Als er ihr wieder einmal vorwirft, ihn
allzu offen zu protegieren, entgegnet sie nur: „Mein Pater
weiß nicht, dass jede Seele, so vollkommen sie auch sein
möge, ein Ventil braucht. Überlassen Sie das mir und sagen
Sie, was Sie wollen: Ich denke nicht daran, die Art meines
Verhaltens zu ändern."

Graciáns Autobiographie bezeugt, dass auch er beein-
druckt und gerührt von Teresas großer Offenheit und dem
gelassenen Umgang mit den eigenen Empfindungen war.
Beide waren anscheinend in der Lage, mit einer durchaus
sinnlich gefärbten Attraktivität füreinander zu leben, ohne
ihre eigentliche Mission aus dem Auge zu verlieren, nämlich die Erneuerung der Kirche. *Wenn* Freundschaften zwischen Männern und Frauen gelingen, dann geschieht dies
in Ehrlichkeit mit sich selbst und dem anderen. Das macht
es notwendig, hier und da auch klärende Worte zu finden –

---

9 Erika Lorenz: Nicht alle Nonnen dürfen das, Freiburg i. Br. 1983, 42.

eine hohe Kunst, die möglicherweise erst etwas für Männer und Frauen in reiferem Alter ist, weil sie Lebenserfahrung, einen humorvoll-gelassenen Umgang mit sich selbst und der eigenen Sexualität voraussetzt. Letztlich ist es das gemeinsame Projekt und die Liebe zur Sache, die zählt. Und wenn es dabei ab und zu ein wenig prickelt, wie das zumindest bei Teresa und Gracián offensichtlich der Fall war, ist dies keineswegs der Anfang der Anarchie, sondern sogar zuträglich und schön.

Es erstaunt mich oft, welch gewagte Beziehungen zwischen Männern und Frauen in früheren Zeiten möglich waren. Christlicher Glaube und die gemeinsame Arbeit für eine bessere Kirche oder eine bessere Welt eröffnen sehr individuelle Wege zu einer Freiheit im Umgang miteinander, wie wir sie heute sogar im säkularen Umfeld und in postmodernen Zeiten oft kaum noch zu träumen wagen. Vielleicht gilt es sich in Erinnerung zu rufen, was eben diese Teresa von Avila, die zeitlebens viele Freundschaften pflegte, formulieren konnte: Es gibt letztlich nur *eine* Liebe. Und die äußert sich in unterschiedlichen Formen und bahnt sich, wenn nötig, auch sehr unkonventionelle Wege.

Liebe und Freundschaft bedürfen stets der bewussten und gleichberechtigten Gestaltung und des behutsamen Umgangs miteinander. Beide bleiben ein Wagnis, weil jede Beziehung immer per se ein Wagnis ist: Ich setze mich dem/der anderen aus, vertraue ihm/ihr, zeige ihm/ihr etwas von mir. Beziehung ohne Risiko ist generell unmöglich. Wer das Risiko des Scheiterns und den damit verbundenen Schmerz scheut, bleibt besser allein und für sich und trägt dafür die Konsequenzen.

Ich glaube fest daran, dass Männer und Frauen in den liberalen Rahmenbedingungen des westlichen Europa und unter den Bedingungen eines gewandelten Geschlechterverhältnisses keine Angst mehr haben müssen, liebevoll und gleichberechtigt Freundschaft miteinander zu wagen. Vielleicht ist mancher Weg unerprobt und steiniger als früher, als die alten ausgetretenen Trampelpfade sehr klar den Weg zum Glück wiesen. In gewissem Sinne müssen Frauen und Männer heute mehr denn je an gelingenden Beziehungen miteinander arbeiten und um das richtige Verhältnis von Nähe und Distanz ringen. Der detaillierte und von allen anerkannte Verhaltenskatalog zur Regelung der Begegnung zwischen den Geschlechtern existiert nicht mehr. Deswegen muss allerdings keineswegs blanke Willkür und Anarchie herrschen, im Gegenteil: Es gibt einen fundamentalen und sehr anspruchsvollen Orientierungspfeiler, wenn er denn wirklich ernst genommen wird: den Blick auf den anderen/die andere als Person in ihrer Realität und ihrem Umfeld. Solange man einander nicht aus diesem Blick verliert, solange für das Wohl des anderen – sein Gedeihen („flourishing", wie es die Amerikaner nennen) – und das eigene Wohl gleichermaßen Sorge getragen wird, ist der Raum der Freiheit-in-Beziehung eröffnet. Auf der Basis dieser Freiheit-in-Beziehung, die ohne Verantwortung für das Wohl des anderen undenkbar ist, geht es am Ende nicht mehr um Mannsein oder Frausein. Es geht vielmehr ausschließlich darum, was dich und mich miteinander verbindet und wofür wir beide uns engagieren wollen. Wofür wir gemeinsam Sorge tragen. Sorge für diese Welt und für die Nähe, die uns alle miteinander wachsen lässt und in der es uns gut geht. Um Freundschaft eben.

Verwendete Literatur

Romane / Belletristik

Ende, Michael: Momo. Stuttgart 2005.

Mann, Thomas: Gesammelte Werke in dreizehn Bänden. Band VIII. Erzählungen. Frankfurt a. M. 1990, 271–338.

De Saint-Exupéry, Antoine: Der kleine Prinz. Ins Deutsche übertragen von Grete und Josef Leitgeb. Zürich 1991.

Walser, Martin: Ein sterbender Mann. Reinbek b. Hamburg 2016.

Werfel, Franz: Die vierzig Tage des Musa Dagh. Frankfurt a. M. ³2014, 676.

Sozialwissenschaften / Psychologie

Bucher, Anton: Psychologie des Glücks. Ein Handbuch. Weinheim/Basel 2009.

Demir, M. & Weitekamp, L. A.: I am so happy cause today I found my friend. Friendship and personality as predictors of happiness. In: Journal of Happiness Studies 2007/8, 181–211.

Emcke, Caroline: Wie wir begehren. Frankfurt a. M. ⁵2016.

Giddens, Anthony: Wandel der Intimität. Sexualität, Liebe und Erotik in modernen Gesellschaften. Frankfurt a. M. 1993.

Hansen, Margret: Lebensgeschichtliches Erzählen über Frauenfreundschaften. In: Eva Labouvie (Hg.): Schwestern und Freundinnen. Zur Kulturgeschichte weiblicher Kommunikation. Köln 2009, 59–77.

Heidbrink, Horst: Face-to-face und Side-by-Side: Frauen-
und Männerfreundschaften. In: Eva Labouvie (Hg.):
Schwestern und Freundinnen. Zur Kulturgeschichte
weiblicher Kommunikation. Köln 2009, 35–57.

Rapsch, Alexandra: Soziologie der Freundschaft. Histori-
sche und gesellschaftliche Bedeutung von Homer bis
heute. Stuttgart 2004.

Tenbruck, Friedrich: Freundschaft. Ein Beitrag zu einer Soziologie der persönlichen Beziehung. In: Kölner Zeitschrift für Soziologie und Sozialpsychologie. Nr. 16.
Köln 1964, 431–456.

Youniss, James: Soziale Konstruktion und psychische Entwicklung. Frankfurt a. M. 1994.

Philosophie / Theologie

Adamiak, Elżbieta u. a. (Hg.): Friendship with the Other.
Religions – Relations – Attitudes. Freundschaft mit der/
dem Anderen. Religionen – Beziehungen – Einstellungen,
Pozna/Gniezno 2016.

Arendt, Hannah: Vita activa oder Vom tätigen Leben. Mün-
chen/Berlin/Zürich 2015.

Aristoteles: Die Nikomachische Ethik (Achtes und neuntes
Buch). Aus dem Griechischen und mit einer Einführung
und Erläuterungen versehen von Olof Gigon. München
2004.

Cicero, Marcus Tullius: Laelius. Über die Freundschaft.
lat.-dt., http://www.romanum.de/latein/uebersetzungen/
cicero/de_amicitia/wert.xml (Download 19.7.2016)

Friedman, Marilyn: Freundschaft und moralisches Wachstum. In: Deutsche Zeitschrift für Philosophie. Jahrgang 45. Band 2. Berlin 1997, 235–248.

Gerhard, Gerd (Hg.): Immanuel Kant. Eine Vorlesung über Ethik. Frankfurt a. M. 1990, 220.

Grayling, A. C.: Friendship. New Haven/London 2013.

Irigaray, Luce: Die Zeit der Differenz. Für eine friedliche Revolution. Frankfurt a. M. 1991.

Klauck, Hans J. (Hg.): Plutarch: Moralphilosophische Schriften. Ditzingen 1997.

Koldau, Linda Maria: Teresa von Avila. Agentin Gottes 1515–1582. München 2014.

Libreria delle donne di Milano: Das Patriarchat ist zu Ende. Es ist passiert – nicht aus Zufall. Rüsselsheim 1996.

Libreria delle donne di Milano: Wie weibliche Freiheit entsteht. Eine neue politische Praxis. Berlin 1991.

Lorenz, Erika: „Nicht alle Nonnen dürfen das". Teresa von Avila und Pater Gracián – die Geschichte einer großen Begegnung. Freiburg i. Br. 1983.

Lützen, Karin: Was das Herz begehrt. Liebe und Freundschaft zwischen Frauen. Hamburg 1990.

Mews, Constant J.: Male-female spiritual partnership in the twelfth century: the witness of Abelard and Heloise, Volmar and Hildegard. In: Rainer Berndt SJ in Verbindung mit Maura Zátonyi OSB: Unversehrt und unverletzt. Hildegards von Bingen Menschenbild und Kirchenverständnis heute. Münster 2015, 167–187.

De Montaigne, Michel: Über die Freundschaft. In: Essays. Eine Auswahl. http://www.zeno.org/Literatur/M/Montaigne,+Michel+de/Essays/Essays+(Auswahl)/%C3%9Cber+die+Freundschaft (Download 19.7.2016)

Petermann, Ina Johanne alias Batmartha: Freundin/Freund-schaft. In: Elisabeth Gössmann u. a. (Hg.), Wörterbuch der Feministischen Theologie. 2., vollständig überarbeitete u. grundlegend erweiterte Aufl. Gütersloh 2002, 184–185.

Platon: Lysis. In der Übersetzung von Friedrich Daniel Ernst Schleiermacher, http://gutenberg.spiegel.de/buch/platons-werke-2430/9 (Download 19.7.2016)

Schleiermacher, Friedrich: „Idee zu einem Katechismus der Vernunft für edle Frauen" (1798). In: Friedrich Daniel Ernst Schleiermacher, Schriften: Kommentar: 3. Zum Verständnis der Texte: Athenaeum-Fragmente. Bibliothek der Philosophie: Schriften Deutscher Klassiker Verlag (Deutsche Klassiker in www) 1996, 61–62. (Download 19.7.2016)

Presse und Internet

Freunde dämpfen Schmerzen besser als Morphium. In: Die Presse (29.4.2016)

Fred Langer und Bertram Weiss: Freunde. Warum sie wichtiger sind denn je. In: GEO (6.6.2015), 88–104.

Barney Stinson with Matt Kuhn: The Bro Code. New York 2008.

http://www.zeit.de/angebote/partnersuche/magazin/magazin_freundschaft_statt_liebe (Download 19.7.2016)

http://www.spiegel.de/gesundheit/psychologie/freundschaften-sind-gut-fuer-die-gesundheit-a-954153.html (Download 28.7.2016)

abenteuer philosophie 1/1–3 (2016)

GEO 6/2015